版权声明

Copyright © Tamsin Grimmer, 2017

This translation of *Observing and Developing Schematic Behaviour in Young Children: A Professional's Guide for Supporting Children's Learning, Play and Development* is published by arrangement with Jessica Kingsley Publishers Ltd.

保留所有权利。非经中国轻工业出版社"万千教育"书面授权,任何人不得以任何方式(包括但不限于电子、机械、手工或其他尚未被发明或应用的技术手段)复印、拍照、扫描、录音、朗读、存储、发表本书中任何部分或本书全部内容。中国轻工业出版社"万千教育"未授权任何机构提供源自本书内容的电子文件阅览、收听或下载服务。如有此类非法行为,查实必究。

Observing and Developing Schematic
Behaviour in Young Children

A Professional's Guide for Supporting
Children's Learning, Play and Development

观察婴幼儿的游戏图式
——支持和拓展儿童的学习

[英] 塔姆辛·格里梅（Tamsin Grimmer） 著

张晖 译 / 时萍 范忆 审校

中国轻工业出版社

图书在版编目(CIP)数据

观察婴幼儿的游戏图式：支持和拓展儿童的学习／(英)塔姆辛·格里梅(Tamsin Grimmer)著；张晖译. —北京：中国轻工业出版社，2021.9 (2025.1重印)
ISBN 978-7-5184-3508-1

Ⅰ.①观… Ⅱ.①塔… ②张… Ⅲ.①学前教育－游戏课－高等学校－教材 Ⅳ.①G613.7

中国版本图书馆CIP数据核字 (2021) 第095219号

责任编辑：张天怡　　责任终审：腾炎福
策划编辑：高　君　　责任校对：刘志颖　　责任监印：吴维斌

出版发行：中国轻工业出版社（北京鲁谷东街5号，邮编：100040）
印　　刷：三河市双升印务有限公司
经　　销：各地新华书店
版　　次：2025年1月第1版第6次印刷
开　　本：710×1000　1/16　印张：10
字　　数：70千字
书　　号：ISBN 978-7-5184-3508-1　定价：52.00元
读者热线：010-65181109
发行电话：010-85119832　010-85119912
网　　址：http://www.chlip.com.cn　http://www.wqedu.com
电子信箱：1012305542@qq.com
版权所有　侵权必究
如发现图书残缺请拨打读者热线联系调换
242408Y1C106ZYW

译 者 序

《认识婴幼儿的游戏图式——图式背后的秘密》(Understanding Schemas in Young Children: Again! Again!)的中文版自2019年出版以来,引起了一些学者和很多园长、教师的共鸣。该书从理论上阐述了图式行为的存在及其对幼儿发展的意义,列举了很多观察案例来呈现图式的类型、特点,并给出通过提供材料支持幼儿的游戏和图式行为的建议。阅读此书后,读者确实看到了在幼儿自发的游戏中图式行为以各种形式出现,认同幼儿的图式行为及其内在的发展价值,领悟到原本我们习以为常的、在我们看来没有多大意义的幼儿游戏中的重复行为背后,真的藏有"秘密"!很多教师开始把观察到的图式行为作为支持幼儿游戏和拓展幼儿思维的理论依据;一些幼儿园开始研究图式,尝试从图式的角度解读幼儿的发展;也有一些幼儿园开始研究幼儿自发表征的作品里的图式;还有一些幼儿园把图式理论作为支持教师观察与回应幼儿的依据之一。

《观察婴幼儿的游戏图式——支持和拓展儿童的学习》(Observing and Developing Schematic Behaviour in Young Children: A Professional's Guide for Supporting Children's Learning, Play and Development)一书,在理论上进一步拓展和加强了对图式意义和价值的认识,并更多地通过实践案例去思考,如何发现并支持婴幼儿自发的各类游戏活动。

首先,作者对图式的解读再一次让我们认识到,游戏本身对于婴幼儿发展的重大意义,以及婴幼儿游戏中看似简单重复的行为,对于婴幼儿的发展是十分必要的。作者重申了皮亚杰(Piaget)的观点——"当幼儿重复某一动作时,他们能够将自己的想法迁移到类似的情境中,或者形成对周围世界的早期概念"。作者还从脑科学的角度，为我们解读了游戏中的重复行为对婴幼儿大脑结构与功能发育的意义。婴幼儿通过行为的重复积累经验，建构对世界的认知，也不断地优化大脑的神经连接。

其次，本书专门用一章的笔墨来指导读者如何观察婴幼儿游戏中的图式行为。尽管作者介绍本章的目的是"分享观察儿童的基本原则和一些实用的技巧"，但并没有局限于简单地向读者传授具体的观察方法，而是提出"从观察儿童的角度来说，高质量的实践并不仅仅指简单地关注儿童"，要形成"计划循环"，即观察—评价（分析和解读）—计划（执行），这其实是一种从儿童出发的、基于价值观的专业思维方式和教育行为方式。书中罗列的有关教师如何观察婴幼儿行为的要点，对于我们重构价值观和认识观察在"计划循环"中的作用，都有着深刻的启发。

在当今的幼儿教育实践中，令广大教师感到困惑的问题往往是，观察不到幼儿"有价值的行为"，而本书作者提出的"哇"时刻，有助于我们发现幼儿行为的价值，比如，幼儿"尝试一些新东西；做一些他们以前做不到的事情；展现出让我们大吃一惊的知识和能力；在不同的情境中应用新知识、新理解和新技能；以一种新的方式与他人合作或协作；坚持更长时间或克服挫折；用自己的语言向成人或同伴解释某事；表现出对某一行为或事物的兴趣或迷恋"。

最后，本书最大的特点是，通过对大量观察案例的逐一分析来解读每一种图式行为背后的意义，并从环境材料的提供、幼儿计划的产生、活动的开展等方面，提出了支持和拓展幼儿图式行为的非常具体的策略和建议。需要注意的是，本书对婴幼儿图式行为的分类与《认识婴幼儿的游戏图式——图式背后的秘密》略有不同，后者研究和介绍了轨迹、定向、连接、旋转、围合、包裹、定位、搬运8种图式行为，本书则涉及了连接、装填、中心和放射线、围合、包裹、穿过边界、定向、定位、旋转、轨迹、变换、搬运12种图式，对婴幼儿图式行为的分类更加细化和具体，读者可以在阅读这两本书时细细体会其间的关系。同时，这也让我们认识到，无论我们在实践或研究中如何对幼儿的图式行为进行分类，它们都是客观的存在，是幼儿的内驱力使然。此外，成人所认为的孩子的"淘气、不端或故意捣乱"的行为，往往并不是孩子的问题，而是成人不理解孩子、没有满足孩子成长的内在需求。

本书作者是一位学前教育领域的培训者，她认为所有的幼儿园老师都是"鼓舞人心的、有活力的、善于反思的、充满教育情怀的，且对儿童的不同学习方式有着浓厚的兴趣"，同时"理解并支持儿童的兴趣和强烈的好奇心是早期教育工作者日常工作的一部分"。也正是这样的幼儿教育工作者，才能够看到幼儿的图式行为并充分理解其对于幼儿发展和课程变革的意义。

图式理论与实践，不仅是我们认识和支持婴幼儿游戏的理论与实践基础，也是理解、支持和拓展婴幼儿思维的理论和实践依据，还是幼儿园课程的理论与实践依据。近年来，笔者及翻译团队成员以"图式"为抓手，深入家庭和幼儿园教育现场，与家长和幼儿教育工作者交流，不断感受到幼儿与生俱来的强大学习力，不由地更加尊重儿童！同时，也鞭策着我们更加深刻地反思教育观与行为：我们如何做，幼儿才能拥有幸福且具有奠基意义的童年，成为未来社会的积极贡献者？我们如何做，才能成为幼儿学习与发展的专业支持者，成为终身学习者？这是我们永不停息的追问。"'缺失模型'（deficit model）理论认为，儿童生来一无所知或者知之甚少，因此要把儿童不知道的或者不能做的教给他们。摆脱这一观点，我们还有很长的一段路要走。"

本书由张晖翻译，时萍和范忆审校。尽管译者非常努力地想原汁原味和专业地传达出原书的思想，但是因为时间和水平问题，难免存在一些疏漏之处，敬请广大读者批评指正！也期待更多的读者关注到婴幼儿的图式行为，并进行深入的观察和研究！

张晖

2021年6月于南京

前　　言

理解并支持儿童的兴趣和强烈的好奇心是早期教育工作者日常工作的一部分。我们关注游戏中的儿童，有时作为一个旁观者观察他们，有时会参与他们的游戏。事实上，儿童经常沉迷于重复性游戏，比如，把玩具摆成一排，或者对某些东西表现出特别的迷恋，如对轮子的强烈兴趣。这些重复的行为模式通常被称为"图式"（schema）。

"图式"一词对许多早期教育工作者及大多数家长来说比较陌生，他们对这一术语知之甚少，甚至觉得有些虚无缥缈。事实上，大部分幼儿教师资格认证课程和育儿课程都没有提及图式这个概念。但是，儿童的重复性行为不断引起教师和家长的注意，并使他们感到困惑。因此，对图式的理解有助于他们解释儿童的这种行为。我希望通过本书澄清"图式"的概念，使早期教育工作者和家长更容易理解图式。

我注意到，一些描述图式及图式行为的著作存在一种学术倾向，理论家们使用了非常学术的语言（如思维形式、水平图式、动态图式等）进行表述，导致许多人无法很好地理解图式概念和图式行为。本书采用了更加接近实践的方法，思考了重复性动作或活动（如连接、搬运、旋转等），并为避免不必要的混淆选择了已经被广泛使用的术语，从而便于读者更好地理解儿童的图式和图式行为。本书所讨论的许多案例，均来自笔者对儿童的长期研究。

什么是图式——理论阐述

多年来，许多理论家已经研究、讨论了图式行为。皮亚杰可能是最早且最被广泛认可的研究图式的理论家之一，他将行为模式或图式与思维和动作联系起来。他认为，当幼儿重复某一动作时，他们能够将自己的想法迁移到类似的情境中，或者形成对周围世界的早期概念。理论家有时将其称为"思维形式"，即组织自己的思维以理解世界的方式。

其他理论家认为，图式"就像一个个碎片化的想法或者概念"。这就好比儿童拼图，他们努力根据手头的拼图碎片理解整幅拼图。他们通过重复不同的动作来探寻事情是否如他们所预期的那样发生。如果他们所预期的是对的，那么拼图碎片正好可以嵌在拼板上；如果他们所预期的是错的，他们就需要重新思考，换另外一块拼图碎片。

克里斯·阿西（Chris Athey）将图式定义为"一种可重复的行为模式"。皮亚杰和阿西均认为，图式行为引导儿童发展思想和概念，从而为他们的理解力的发展奠定基础。通过探索，儿童能够对物体进行归纳，根据特征对物体进行分类，并对事物发生的原因和过程做出假设。儿童像科学家一样一丝不苟地做实验，仔细探究，以验证自己的理论和假设。

比如，当儿童第一次看到鸭子时，他们的大脑就会把鸭子的特征和鸭子这个概念联系起来，反复看到鸭子就会增强这一认识。当儿童第一次看到鸡时，他们也可能管它叫"鸭子"，这表明他们已经建立了思维图式，注意到

了鸡和鸭子的相似之处。有关鸡的新信息需要他们丢掉或者调整之前的认识和看法，并识别鸡和鸭子之间的细微差别。

克里斯·阿西还谈到了"顿悟时刻"，即儿童在认知上有了飞跃发展的时刻。她和皮亚杰都使用了"同化"一词来描述新信息被纳入已有的图式，用"顺应"一词来描述调整或改变已有的图式以适应新的信息。这些新信息可能会巩固儿童已有的图式，并确认其有效性；也可能会质疑已有的图式，促使儿童重新思考或忘却已有图式。布赖尔利（Brierley）认为儿童需要具备忘却的能力，这样他们的大脑就不会"固化在错误的反应中"。前文鸭子和鸡的例子就说明了由于顺应而导致的反思和重构。儿童需要经历顺应的过程，改变自己有关鸭子的图式思维，建构对鸡的新认知。

当儿童进行图式游戏时，他们正在实验自己能独立地做什么。当我们支持和拓展他们的图式行为时，我们就是在运用维果茨基（Vygotsky）的"最近发展区"（Zone of Proximal Development）理论，帮助儿童在有额外支持的情况下达到他所能达到的发展水平。这也被称为"鹰架"（scaffolding），即成人支持儿童更广泛、更深刻地理解某个观点或概念。关注儿童的语言为我们洞察儿童的图式提供了一个重要的视角。

我们也可以和儿童讨论他们的学习，并就他们正在做的事情提出开放式问题。这就是与儿童一起进行"持续共享思维"（sustained shared thinking），它将有助于支持和拓展他们的图式游戏。持续共享思维是一个相当新的术语，产生于"学前教育的有效供给"（Effective Provision in Pre-school Education，EPPE）研究项目，是指儿童与成人或更有能力的同伴一起工作，从而解决问题，或者澄清并拓展思维。我们在儿童已有能力的基础上通过提问、提出建议、提供额外的资源，或通过与他们一起游戏并向他们示范另一种不同的方法来拓展他们的思维。

重要的是，当我们向儿童提问时，要以一种发展适宜的方式进行。开放式问题是引发儿童思维过程的最佳方式。但玛丽昂·布兰克（Marion Blank）认为，对年幼儿童提出较为具体的问题，然后随着儿童的发展逐步提出较为抽象的问题，这样做会更好。比如，对婴儿和学步儿提的问题可以是

"那是什么？""你能看见什么？"，或者更封闭的问题，比如，"你在做什么？""它是一个……吗？"对3—4岁儿童提的问题可以涉及一些分析和事物的进程，比如，"在这张照片里发生了什么？""去找一个有……特征的物体。"

对4—5岁儿童可以提预测性的问题，比如，"接下来会发生什么？"也可以鼓励他们从别人的角度考虑问题，比如，"你认为，他感觉如何？"这些问题更具挑战性，因为它们更抽象，需要更高层次的思维能力。对5岁以上儿童提的问题可以包含问题解决、预测、应对办法和解释，这要求儿童运用已有的知识和思维做出回答。比如，"如果……会怎样？""我们现在应该怎么办？""这是如何发生的？"

让我们思考一下，这对儿童来说是怎样的。利亚姆，一个典型的4岁小男孩，他对轮子和旋转的东西很感兴趣。我们可以通过提出一个简单的问题让他解决，从而鹰架他的学习。比如，如何把轮子安装在车上？也可以提供一些轮子让他探索和研究，从而拓展他的思维。比如，为什么大轮子比小轮子转得慢？当利亚姆看到爷爷的汽车陷在泥里的时候，他饶有兴趣地观察轮子不停地旋转。我们可以问利亚姆这样的问题："你觉得，为什么车轮转得那么快，汽车却没有移动呢？""我们怎样才能帮助汽车再次动起来？"这样的问题有助于引发持续共享思维。当儿童和成人一起对一个问题或令人困惑的情形进行深入思考时，共同解决问题和合作思维就发生了。

《儿童早期基础阶段》法定框架中的图式

在英国，图式几乎成为早期教育领域法定框架的一部分。《儿童早期基础阶段》（Early Years Foundation Stage，EYFS）咨询文件的术语表对图式有一个完整的定义：

图式是儿童的重复性行为模式。儿童通常有重复某些动作的强烈内驱力，比如，把东西从一个地方移到另一个地方，把东西盖起来或放到容器里，绕圈奔跑或反复地扔东西等。这些模式通常可以在儿童的游戏中被观察到，并且不同儿童的行为模式有所不同。如果教师的工作建立在儿童的这些兴趣之上，那么有力的学习就会发生。

这个定义从儿童的行为方面描述了图式，指出当这些兴趣被拓展时所具有的强大学习力。如果这一定义被囊括在最终的法定框架中，那么它将会对早期教育工作者有所帮助，不至于让他们觉得图式是一种难以理解和运用的学术工具。遗憾的是，《儿童早期基础阶段》于2008年颁布时没有提及图式；于2012年、2014年、2017年修订时，才有了进一步把图式和图式行为纳入法定框架的机会。然而，未经训练的人是看不到图式的。只有经验丰富的实践者才会在考虑儿童的个体需求、兴趣和发展阶段时，将儿童个体的图式和图式行为纳入其中。

英国的非法定指导文件《发展很重要》（Development Matters）在16—26个月儿童的积极关系部分提到了图式。《儿童早期基础阶段》指引早期教育工作者思考，在赋能的环境和积极的关系方面为儿童提供哪些支持。然而，观察儿童的思维过程以理解儿童的思维也很重要。

据我所知，无论在英国还是在其他国家，图式都没有被正式纳入任何早期教育方案或课程。在爱尔兰，研究论文《通过形成性评价支持早期学习和发展》(Supporting Early Learning and Development through Formative Assessment)简要地阐述了图式，并在词汇表中将其定义为"儿童早期的重复行为模式，它将促使儿童通过一个协调性过程学会归纳"。

如何使用本书

本书旨在帮助早期教育工作者、家长和其他婴幼儿照护者了解并识别儿童的重复性行为模式，同时学习运用不同的方式进一步支持儿童。第1章简要介绍了儿童是如何学习的，包括对大脑的基本介绍，以及图式行为等重复的经验是如何增强神经元突触的。第2章分享了观察儿童的基本原则，以及用于识别图式的一些实用技巧。

第3—14章每章阐释了一个最常见的图式，我之所以选择这些图式，是因为在我看来，它们似乎是最广为人知、最被认可的行为模式。每章都包含了照片和案例故事，展示了儿童的某一具体图式或重复行为。接下来解读了案例故事，并分享了如何在现有图式的基础上拓展儿童的学习和发展。每章都包括以下几部分："是什么——观察图式""为什么——解读图式"和"下一步做什么——拓展图式"。为儿童提供巩固其图式的机会，有助于他们进一步理解概念。我希望，早期教育工作者通过阅读本书能够支持儿童做到这一点。

我还介绍了每个图式与其他图式的关联。有时，这些联系很明显。儿童的许多行为很难被确定为某个特定的图式，而是似乎可以被归为几个图式。当儿童同时表现出多种图式时，图式以集群的方式发展。有相似的图式行为的儿童经常一起玩，因为他们有共同的图式游戏兴趣。需要注意的是，不是所有的儿童都会进行图式游戏，有的儿童永远不会表现出明显的图式行为。

本书对儿童的一个个图式行为单独讨论，以便突出其特征。然而，如前文所述，我们实际上不可能将儿童的图式游戏都分门别类地划分。比如，一个儿童为他的玩具动物建造了一道篱笆，那么他是在进行围合图式还是连接图式呢？可能是其中一个，也可能两个都是。有时，不同的图式之间的界限非常模糊，因此每一章都需要读者结合其他章节一起阅读。图式叫什么名字并不重要，关键是观察和解读儿童的重复性游戏，并基于观察为儿童计划未来的学习机会。这就是本书第 2 章提到的受到大家广为认可的"计划循环"。

有时，儿童的重复性行为模式令人困惑，一些早期教育工作者和家长会将其误认为不适宜的行为或淘气的行为。第 15 章鼓励早期教育工作者和家长基于对图式的认知，以积极的态度重新解读儿童的这些行为。通过将某些行为看作图式行为，我们可以将儿童的注意从不受欢迎的行为引向与他们的图式相关的其他活动。因为对一些儿童来说，仅仅分散注意是不够的；提供一种与他们当前所着迷的活动相联系的替代性选择，可能更奏效！

希望本书对图式的逐个解析有助于早期教育工作者和家长更好地理解图式，从而把儿童视为正在探索和研究周围世界的有效且有能力的学习者！

目 录

第 1 章 早期大脑的发育和儿童是如何学习的 / 1

 早期大脑的发育 / 1

 学习是如何发生的 / 6

第 2 章 观察儿童 / 9

 观察和注意什么 / 13

 记录观察和学习 / 15

 利用观察所得的信息 / 20

第 3 章 连接图式 / 23

 是什么——观察连接图式 / 23

 为什么——解读连接图式 / 26

 下一步做什么——拓展连接图式 / 27

 与其他图式的关联 / 29

第 4 章 装填图式 / 31

 是什么——观察装填图式 / 31

 为什么——解读装填图式 / 35

 下一步做什么——拓展装填图式 / 36

 与其他图式的关联 / 38

第 5 章　中心和放射线图式　/　39

是什么——观察中心和放射线图式　/　39

为什么——解读中心和放射线图式　/　43

下一步做什么——拓展中心和放射线图式　/　44

与其他图式的关联　/　46

第 6 章　围合图式　/　47

是什么——观察围合图式　/　47

为什么——解读围合图式　/　51

下一步做什么——拓展围合图式　/　52

与其他图式的关联　/　55

第 7 章　包裹图式　/　57

是什么——观察包裹图式　/　57

为什么——解读包裹图式　/　61

下一步做什么——拓展包裹图式　/　62

与其他图式的关联　/　64

第 8 章　穿过边界图式　/　65

是什么——观察穿过边界图式　/　65

为什么——解读穿过边界图式　/　69

下一步做什么——拓展穿过边界图式　/　70

与其他图式的关联　/　73

第 9 章　定向图式　/　75

是什么——观察定向图式　/　75

为什么——解读定向图式　/　79

下一步做什么——拓展定向图式 / 80

与其他图式的关联 / 82

第 10 章　定位图式 / 83

是什么——观察定位图式 / 83

为什么——解读定位图式 / 87

下一步做什么——拓展定位图式 / 88

与其他图式的关联 / 90

第 11 章　旋转图式 / 91

是什么——观察旋转图式 / 91

为什么——解读旋转图式 / 95

下一步做什么——拓展旋转图式 / 96

与其他图式的关联 / 99

第 12 章　轨迹图式 / 101

是什么——观察轨迹图式 / 101

为什么——解读轨迹图式 / 104

下一步做什么——拓展轨迹图式 / 106

与其他图式的关联 / 108

第 13 章　变换图式 / 109

是什么——观察变换图式 / 109

为什么——解读变换图式 / 113

下一步做什么——拓展变换图式 / 113

与其他图式的关联 / 115

第 14 章　搬运图式　/　117

是什么——观察搬运图式　/　117

为什么——解读搬运图式　/　120

下一步做什么——拓展搬运图式　/　120

与其他图式的关联　/　123

第 15 章　儿童行为的再诠释　/　125

是什么——观察图式行为　/　125

为什么——再次诠释儿童的图式行为　/　128

下一步做什么——拓展图式行为　/　130

尊重儿童　/　133

第 16 章　总结　/　135

参考文献　/　139

第 1 章

早期大脑的发育和儿童是如何学习的

> **本章目标**
>
> 本章将阐述儿童是如何学习的，以及图式行为等重复性经验是如何增强神经元突触的。

早期大脑的发育

近年来，科学家们对大脑如何发育以及如何工作有了越来越多的发现。这是一个令人着迷的话题。了解学习是如何发生的，可以提高我们与婴幼儿互动的质量。本章将阐述大脑是如何工作的，并将其与图式和学习联系起来。

还在妈妈的子宫里时，儿童的大脑就开始发育了。3.5—4周时，胎儿的神经板和大脑的三个主要部分（前脑、中脑和后脑）开始发育。9周后，胎儿的大脑已具备了所有的主要结构，并开始在神经元或脑细胞之间建立连接。从这个阶段开始，大脑控制着胎儿的心跳、呼吸、吞咽、吮吸和血压等本能反应。虽然基因开启了大脑的发育，但早期环境和胎儿的经历现在开始接管这个过程。

关于先天遗传和后天培养的问题，一直存在很多争论，比如，我们的某些倾向和态度是与生俱来的（先天），还是在生长发育过程中习得的（后天）。我们生来就带有某些会影响我们的基因，如肤色、眼睛的颜色，这些都遗传自亲生父母。然而，我们的个性、态度和学习方式在很大程度上取决于我们所经历的事件、拥有的机会和生活的环境。我认为，先天和后天共同作用把我们塑造成人。

当然，就大脑的发育而言，感官体验触发了使大脑建立连接和发育所必需的脑电活动，这些连接被称为"突触"。

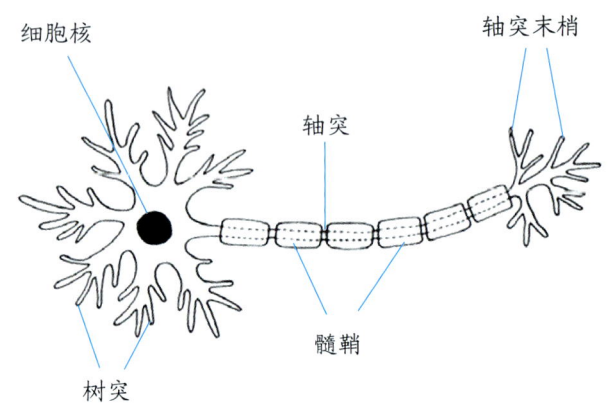

图 1.1　一个神经元

我们生来就拥有大量的神经元，据估计超过 1000 亿个，比银河系的恒星还要多。每个神经元都有一根长长的触须状纤维，即"轴突"。神经元利用轴突向其他神经元发送信息，这些信息以电信号的形式发送，然后被其他神经元上的成千上万条短毛状纤维的"树突"接收。每个神经元都有一个轴突和多个树突，所以它可以发送和接收信息，与成千上万个其他神经元传递信息。重复会使这些连接成为固定的通路，而某个行为或经验的重复则有助于把这些通路印刻在大脑中。一旦重复性经验得到足够的强化，这些通路就会成为永恒。

因此，想一想，神经元是如何相互传递信息以及突触是如何形成的。我们可以把它想象成一个人走过一片此前从来没有人踏足过的草地，在他的身后留下一排脚印，于是一条小路形成了，但是这条从 A 点到 B 点的小路并不是永久的。如果我们沿着这条小路一遍又一遍地穿过草地，那么最终一条清晰泥泞的小路就会出现在眼前。通过不断地重复行走，这条小径就变成了一条永久的路。

用"连接"一词描述这些通路在技术上可能会令人误解，因为神经元之间并没有实际的接触，而是存在一个微小的间隙，信息通过这个间隙以电脉冲的方式实现共享。这个间隙通常被称为"突触间隙"。每个神经元都有可能连接成千上万个神经元，所以我们的大脑是由一个巨大的突触和神经元网络组成的，就像一片密林一样。

当信息沿着轴突传递时，一种叫作"髓鞘"的脂肪物质在轴突周围堆积，起到绝缘作用，使信息传递得更快、更高效。髓鞘发展的过程被称为"髓鞘化"，它从妊娠晚期开始一直持续到青春期，但在生命早期发展得最为迅速。伴随着儿童早期经验的出现，髓鞘开始生长；经验重复得越多，神经元产生的髓鞘就越多。因此，重复的经验不仅可以巩固大脑中的通路，还可以使大脑处理信息的速度更快。举例来说，音乐家需要一次又一次的反复练习来调整他们的技能，直到演奏一段音乐的过程实现内化，他们完全掌握演奏技艺为止。

想一想，就幼儿而言，这意味着什么。萨拉是一个快乐的 2 岁孩子，这天，她把一本已经读了很多遍的书放到老师面前，希望老师再读一遍。老师很无奈地翻了一个白眼，试图引导她阅读另外一本书。然而，"再读一遍"正是萨拉的大脑建立连接所需要的，她正通过重复的经验来进行学习。

再比如，查利是一个 18 个月大的孩子，他把杯子一次又一次地扔到地上。只要妈妈把杯子捡起来放到托盘上，他就会立马把杯子扔到地上，乐此不疲！这种重复的行为，即轨迹图式，实际上也是学习。他正通过重复的经验进行学习。

阿米娅喜欢唱歌和跳舞，她要求再唱一遍"海龟之歌"（Turtle Song）。大家之前已经唱了好几遍，老师都开始觉得乏味了，但阿米娅仍然希望再唱一遍！她正通过重复的经验进行学习。

内尔什15个月大了，他不断地从柱子上取下圆圈再把它们套上去。他正在思考下次该放哪一个圆圈，并通过手眼协调来控制圆圈，把它套在柱子上。这个游戏也是一种图式行为（见第8章），他正通过重复的经验进行学习。

因此，大脑神经元建立连接的过程会因重复而得到加强。重复帮助大脑执行其功能，是学习的基础，促进更多的神经元突触形成，让髓鞘化发生——重复是人类与生俱来的学习方式。

神经元突触在生命的前三年形成得最快。在这一阶段，大脑已准备好学习很多我们认为理所当然的东西。幼儿在这个阶段学习走路和说话，他们的大脑此时拥有各种"机会之窗"，即大脑准备好形成新的突触并以某种方式发展。比如，人们普遍认为，语言学习的敏感期是1—3岁。我认为这是有道理的，因为大多数儿童都是在这个时间框架内学会说话的。当然，这并不意味着儿童（和成人）不能在这些所谓的"机会之窗"以外的阶段学习语言。学习是一项伴随终身的活动。尽管一些理论家指出，过了敏感期或者"机会之窗"，学习就会变得缓慢和困难，但直到死亡前大脑都有可能建立连接。

一项活动，比如练习一种技能或做一个特定的动作，重复的次数越多，我们做起来就越容易、越娴熟，最后我们甚至可以自动地完成任务。假设，现在我们要去上班或者去一个经常去的地方，因为我们对这条路线太熟悉了，所以偶尔我们到了目的地却不记得整个路程，就好像我们处于自动驾驶状态。再假设，我们即将去一个新地方，此时我们的大脑就不得不努力地工作，因为我们需要知道方向，把它们写下来或打印出来，然后沿途格外注意路标或收听卫星导航。在这种情况下，参与前往新目的地的大脑神经元之前没有频繁地共享突触，因此它们的交流不充分或效率低下。这就需要我们更有意识地注意，从而在大脑内部建立新的连接。

但是，大脑发育的故事并没有就此结束。从儿童早期开始，一直到青春期后期，大脑不断地修剪神经连接。那些不够牢固、被忽视或不常使用的连接会被丢弃，牢固的连接则不会受此影响。这个过程被称为"突触修剪"，其结果是大脑的突触减少但大脑会变得更加强大，因为留下的突触更加牢固。

另一个可能具有误导性的术语是"大脑可塑性"（brain plasticity）或"神经可塑性"（neuroplasticity）。"塑料"（plastic）一词，一般指用于制造许多家居用品和玩具的材料。就大脑而言，可塑性是指大脑具有自我重构、随时间变化和对环境变化做出反应的能力，亦指大脑的灵活性。

没有两个人的童年经历是完全相同的，正是这些经历拼凑出了我们独特的性格和个性。神经元和留下来的突触模式影响着我们成年后的思维、学习、行为和反应方式。

比如，童年早期阶段，当儿童经常听到某一种语言时，他们的大脑就会增强与这种语言的连接。随着时间的推移,大脑会消除与其他语言的连接,因为它们对儿童没有用处。这就是为什么大多数成人在分辨非母语的声音时会遇到困难。成人也能够学习一门外语,但是他们可能要比孩提时困难得多。

学习是如何发生的

对我们来说,思考儿童是如何学习的比思考儿童学什么要重要得多。我们已经思考了大脑学习的方式,但要想让学习发生,儿童必须有学习的愿望,并具有优秀的学习者所必备的学习品质和态度。

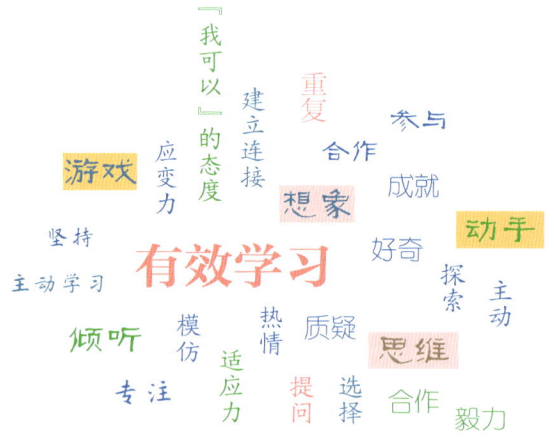

在英国,《儿童早期基础阶段》提出了关注学习过程而不仅仅是学习结果的有效学习的三个特征,即"游戏和探索""主动学习""创造和批判性思维"。这些特征与儿童的参与、动机和思维有关。通过关注这些特征并以它们为镜头来观察儿童,早期教育工作者可以更清楚地看到学习的发生。他们也可以把这三个特征作为工具来识别儿童游戏中的图式。

其他专家也思考了人类是如何学习的,并分享了有用的观点,比如,盖伊·克拉克斯顿(Guy Claxton)的"构建学习力"(Building Learning

Power）。他提出 4 种学习能力：

- 适应力——准备好、愿意并且能够坚持学习；
- 应变力——准备好、愿意并且能够以不同的方式学习；
- 反思力——准备好、愿意并且能够更有策略地学习；
- 互惠力——准备好、愿意并能够独自学习或与他人一起学习。

我们也可以使用这些术语来思考图式。儿童探索世界，以某种特定的方式反复游戏，或对某一特定事物表现出浓厚的兴趣，他们就是优秀的学习者。他们表现出一种"我可以"的顺应性态度。他们灵活应变，用不同的方式进行探究，或者探寻事情为什么会以某种方式发生。他们有时也会反思自己的行为，并将自己的经验联系起来思考："如果重复这一行为，那么这种情况还会发生吗？""我能提高自己的技能吗？"致力于图式游戏的儿童也可能乐于独自学习或与他人一起学习，有时可能会模仿他人或与他人合作以实现共同的目标。

理论工作者和科学家都广泛接受这样的观点：重复的经验促进神经元突触的发展，早期经验塑造大脑和发展儿童的学习能力。因为图式是重复的行为模式，所以每次儿童投入图式游戏时，实际上都在强化学习过程，他们的大脑建立了更稳固的连接，就会变得更高效。格雷尼尔（Grenier）指出，图式理论"具有围绕儿童的探索营造积极的、支持性情绪氛围的优点；儿童会被看作有能力的、强大的、有恒心的学习者，而非让人恼火的、无聊重复的学习者"。

观察图式游戏中的儿童，确实能让我们看到儿童是"有能力的、强大的、有恒心的"，因为它突显了儿童能做什么。然而，"缺失模型"理论认为，儿童生来一无所知或者知之甚少，因此要把儿童不知道的或者不能做的教给他们。摆脱这一观点，我们还有很长的一段路要走。正如路易斯（Louis）提醒我们的那样，"图式理论关注的是儿童能做什么而不是他们不能做什么"。这一积极的立场，始于那些观察儿童并调整自己去适应儿童的兴趣和爱好的早期教育工作者。

第 2 章

观察儿童

本章目标

本章将分享观察儿童的基本原则和一些实用的技巧。同时指出,最可能观察到图式的时间,以及儿童有可能一次不只探索一种图式。

观察,是所有高质量的早期教育机构评价儿童发展和学习的重要策略。家长也在观察自己的孩子,只是他们可能不这样说。观察,是指密切关注儿童,倾听他们,并记录我们所听到或看到的儿童的动作、表达、行为和语言的过程。花一些时间评价我们的所见所闻是至关重要的,这样我们才能为个别儿童或全班儿童的下一步学习做出决策。

有些观察是有计划的,而有些观察可能是对某个重要时刻的随机捕捉。早期教育工作者通常会将他们的观察与课程或与他们对儿童发展的理解联系起来。对儿童日常活动的观察,很可能为我们提供儿童投入至少一个活动区或领域的情况的证据。

对泥巴游戏的观察

凯瑟琳和雷切尔在室外的泥巴厨房玩,她们正在谈论制作蛋糕。凯瑟琳在一个大碗里混合了一些土和水,然后用勺子把它们放到一个个模具里。

凯瑟琳:"我正在做蛋糕。"

雷切尔:"我也是,我正在给我妈妈做蛋糕。"她在泥巴混合物上撒了一些草。

凯瑟琳拿起一把叉子,搅拌了一下模具里的混合物,说:"黏黏的,黏糊糊的,黏黏的,黏糊糊的。"

雷切尔:"黏黏的,黏糊糊的,哇哦。"

两个女孩都"咯咯"地笑了起来,雷切尔拿起搅拌器把草搅拌到泥巴蛋糕里,说:"一圈又一圈,全是泥!"

凯瑟琳:"那不是泥,是蛋糕粉!"

雷切尔:"是的,我正在充分搅拌它们,为我妈妈做蛋糕。"

这两个女孩正在了解固体和液体的特点以及材料的变化特性,同时这也表明她们正在探索变换图式(见第13章)。她们正在探究加入更多的水或

草后会发生什么，也在批判性地思考数学和容积问题："如果我把混合物倒进那个容器会怎么样？""那个容器的大小合适吗？如果不合适，会发生什么？"她们正在发展精细动作技能和大肌肉动作技能——搅拌、混合和舀泥浆。她们正在使用非常可爱的描述性语言："黏黏的，黏糊糊的，哇哦。"她们的大脑正在建立连接——"为什么会发生这样的事情？世界是如何运转的？"当这两个女孩互相交流和分享经验时，她们就在与他人建立联系，进行社会互动和合作。这个观察反映了儿童的身体发展、语言发展、数学理解能力还是社会性发展呢？我认为，它反映了以上所有这些方面的发展。我们不能总是把儿童的学习划分为独立的领域，也不需要这样做！

这两个女孩展现了第1章提及的有效学习的特征。我们可以想象出她们参与活动的积极性和强烈的动机。这就是可见的学习。

凯茜·纳特布朗（Cathy Nutbrown）认为，有几个要素对与图式有关的高质量实践至关重要。首先，要有善于观察儿童的早期教育工作者；其次，他们要能够运用观察信息来计划有趣的、吸引人的、具有激励性的学习环境。

从观察儿童的角度来说，高质量的实践并不仅仅指简单地关注儿童。早期教育工作者还需要分析儿童说的话和做的事，把观察作为理解儿童的思维和行为的一种手段。我们观察游戏中的儿童（观察），分析和解读我们的观察（评价），并利用这些信息为儿童规划下一步的学习机会（计划）。这种观察—评价—计划的循环有时被称为"计划循环"或"OAP 循环"（cycle of Observation, Assessment and Planning）。

然而，这些观察不应该把我们从儿童身边带走。当我们与儿童互动时，我们是他们所拥有的最重要的资源。

我们在观察儿童时，应该：

- 倾听他们说了什么以及是如何说的；
- 关注他们与环境、资源、成人和同伴的互动；
- 把我们的观察所得与儿童的发展知识联系起来；
- 思考我们的所见所闻和儿童的学习方式；

- 询问儿童，以澄清我们的观察所得；
- 记录儿童的动作和语言；
- 基于观察为儿童计划未来的学习机会。

计划循环

1. 观察——我们看到、听到、注意到、观察到了什么？
2. 评价（分析和解读）——这个观察告诉了我有关儿童的哪些信息？我们应该为这个儿童计划什么样的机会？我们应该对我们的供给（环境、材料等）做哪些调整？我们还需要进一步观察吗？我们与谁分享这些信息？
3. 计划（执行）——采取行动，比如，与家长分享信息，计划一项具体的活动或调整一日常规或供给。

高质量的观察通常会记录儿童的语言和交流。弗朗西丝·阿瑟顿（Frances Atherton）描述了一个正在进行装填和包裹游戏的儿童。整个游戏过程中，这个儿童使用了"里面""放在那里面""在水壶里""在车里"等词语。关注儿童的语言并识别动作和语言之间的联系是一项重要技能，克里斯·阿西将其描述为语言和动作的"协调匹配"。在凯瑟琳和雷切尔的案例中，雷切尔开始用搅拌器搅拌混合物，并说："一圈又一圈，全是泥！"雷切尔的话表明她对旋转图式很感兴趣（见第 11 章），她对探索其他可以旋转的东西或其他旋转的方式也许有同样浓厚的兴趣。

早期教育工作者还需要注意儿童提出的问题，并准备好向他们提问，特别是要用儿童所使用的图式语言回应他们。这种"共同思考"尊重了儿童的想法和观点，同时也有助于向儿童表明成人珍视他们正在做的事情和正在说的话。

观察和注意什么

作为早期教育工作者，我们一直在观察儿童，尽管我们可能并不总是把这些观察记录下来。一旦进行记录，我们就需要特别留意儿童取得的"重大成就"，我喜欢称之为"哇"时刻，比如，儿童：

- 尝试一些新东西；
- 做一些他们以前做不到的事情；
- 展现出让我们大吃一惊的知识和能力；
- 在不同的情境中应用新知识、新理解和新技能；
- 以一种新的方式与他人合作或协作；
- 坚持更长时间或克服挫折；
- 用自己的语言向成人或同伴解释某事；
- 表现出对某一行为或事物的兴趣或迷恋。

在早期教育机构，教师通常会为了特定的目的而采用更多的观察方法。比如，为了研究某个儿童的某一行为，或者为有特殊需求的儿童制订计划，教师可以采用 ABC 或 STAR[1] 观察法。还有一些观察，其目的是追踪某个儿童在一段时间内参与了哪些活动和参与了多长时间，或者评估一个有准备的区域是如何被使用的和哪些儿童使用它了，比如，观察图书角，关注儿童最喜欢的书籍并记录愿意花较多时间在这个区域的儿童。

当我们观察儿童时，我们也能识别出他们游戏中的图式和图式行为。

---

[1] ABC 代表前因（Antecedent）、行为（Behavior）、结果（Consequence），STAR 代表情境（Setting）、起因（Trigger）、行动（Action）、反应（Response）。它们通常是事件抽样观察方法，记录某一特定事件发生之前、期间和之后的情况，主要目的是通过对某个事件的详细记录来发现特定行为背后的原因，并探寻模式。——译者注

埃米莉把篮子里的乐器倒出来，然后爬到篮子里坐了下来。之后，她捡起摇铃，像戴手镯一样让胳膊穿过摇铃。埃米莉晃动着胳膊，一边听着摇铃的叮当声，一边哈哈地笑着。

从这个观察案例中，可以发现埃米莉对"音乐创作"的兴趣，同时可以为埃米莉计划很多玩摇铃和其他乐器的机会。然而，我们如果更仔细地观察埃米莉的行为，就会发现她可能对装填图式感兴趣，因为她有意清空了篮子，然后自己爬了进去。此外还可以识别出，埃米莉可能对穿过边界图式感兴趣，因为她把摇铃像手镯一样戴在了手腕上。她可能对手是如何穿过摇铃的充满兴趣。只有通过密切和仔细的观察，才能注意到这些令儿童着迷的、细微的事物。我们可以进一步观察埃米莉，看看她是否在其他情境中也对装填和穿过边界图式感兴趣。

阿诺德（Arnold）建议我们更深入地研究，以揭示儿童潜在的图式兴趣，因为利用这些图式可以为儿童提供更有意义且更适宜的拓展。当成人使用图式信息拓展儿童的学习时，他们就能在更深入、更广泛的背景下利用儿童的兴趣。比如，如果儿童喜欢火车，我们可以基于这一兴趣为他们计划未来探索火车的学习机会；但是，我们如果能辨识出其中的连接图式，就可以拓宽儿童的学习经验，而不仅仅是探索火车。

记录观察和学习

记录观察到的信息并将其用于支持儿童未来的学习，有时被称为建构"学习档案"（documentation of learning）。总的来说，记录意味着把事情写下来。将学习记录下来是一个好主意，原因有很多。学习档案能：

- 让儿童的学习看得见；
- 为家长提供有价值的记录；
- 为家长如何在家支持儿童提供点子；
- 帮助教师展示儿童取得的进步；
- 为园外咨询或督导提供证据；
- 告知教师儿童的学习情况，帮助他们更好地了解儿童；
- 使教师针对个别儿童的需求制订有效的计划；
- 为教师提供反思和与他人分享的机会；
- 使教师自信地与家长谈论他们的孩子；
- 帮助教师提早识别有特殊教育需求的儿童；
- 提供有关儿童交流和语言发展的证据；
- 易于满足早期教育领域不断提出的要求。

我们可以采用多种方式记录观察信息。很多教师和家长会运用照片记录儿童的活动。不过，在早期教育机构中，一张照片并不能充分解释正在发生的事情。

在上面这张照片中,艾莎正骑着一辆玩具摩托车。这张照片起到了视觉提示的作用,可以让观看者看到这个女孩正在做什么。然而,这张照片并不能向观看者展示艾莎从这个游戏中学到了什么。请看下面两个"观察学习"的例子。

观察学习:案例 1

在户外游戏区,艾莎(14个月)走到玩具摩托车旁,爬上去骑着它。

观察学习:案例 2

艾莎(14个月)蹒跚地走向玩具摩托车。她站在车旁,有点摇摇晃晃的样子,然后双手抓着摩托车,抬起右腿试图爬上去。摩托车微微向前移动了一下,艾莎跟着向前走,又试着把腿跨到摩托车上。摩托车又向前移动了,艾莎跟跟跄跄地在后面追着。经过几次尝试,艾莎终于把腿跨过了摩托车,坐在了座位上。然后,她双腿蹬地推着自己前进。

我们可以给照片配上案例1这样的文字说明,然而,这段文字并没有表明艾莎正在学习什么。案例2的这段叙述拓展了我们对艾莎正在做的事情的理解,让学习变得可见。我们更全面地了解了艾莎是如何骑到摩托车上的,以及她为此所付出的坚持和努力。这一观察也描述了艾莎展现出有效学习的三个特征。她愿意尝试并表现出"我可以"的态度(游戏和探索),能在一段时间内保持专注,在遇到挑战时依然坚持行动(主动学习)和解决问题(创造和批判性思维)。

我们可以邀请儿童一起记录学习。联合国《儿童权利公约》第12条指出,所有儿童都有表达自己想法的权利,当成人做出会影响儿童的决定时要倾听儿童的想法。邀请儿童参与记录他们的学习,有助于我们倾听儿童的声音,并让儿童参与制定影响他们的决策。

凯特是一名家庭托儿所教师,负责照顾三个4岁以下的孩子和两个5岁的孩子。凯特制作了一本剪贴簿,用来收集幼儿的照片(配上文字说明)、关于幼儿的逸事记录以及幼儿创作的作品。她根据幼儿能做什么,以及她觉得自己能怎样支持和拓展他们的兴趣和能力,为幼儿制订下一步计划。凯特也努力让幼儿参与记录的过程。幼儿经常帮忙把照片贴在剪贴簿里,凯特会邀请他们反思照片中的自己正在学习什么。她还设计了一套泡泡对话框,将它们贴在剪贴簿里,逐字捕捉幼儿的语言。凯特把照相机交给幼儿,这样他们就可以把自己最喜欢的区域拍下来。

她与幼儿讨论他们拍的照片,问他们为什么喜欢这个区域,并利用这些信息计划接下来的学习机会。比如,有一个幼儿拍了下页这张户外区域的照片,并告诉凯特他更喜欢在外面玩。于是,凯特调整了日常活动安排,为这个幼儿计划了更多的户外学习机会。

学习档案能让儿童：

- 反思自己的学习；
- 参与整理信息；
- 感到被重视，增强自尊；
- 运用回忆和记忆技巧；
- 思考曾发生的学习；
- 指导教师记录什么（比如，问儿童："你想让我写什么？"）；
- 发展语言运用能力；
- 参与制定影响他们的决策；
- 对幼儿园的环境、材料、活动等发表自己的意见。

许多英国早期教育机构选择使用特定的技术和软件包来记录观察信息。如果我们发现这种方法对儿童和家庭有帮助且有意义，那么它就可以成为记录信息的有效方法。现代社会正在向无纸化办公迈进，一些早期教育机构或许也希望遵循这一做法。对于运用技术系统来记录儿童学习的早期教育工作者，我有两点建议：首先，我们必须确保没有花太多时间隔着屏幕与儿童互动。在儿童生活的世界中，他们遇到的许多成人整天都埋头于某种屏幕中，因此早期教育机构需要对抗这种趋势，为儿童提供真实互动的榜样和另一种与人交流的方式。其次，定期对观察记录进行备份，并确保没办法使用计算机的家长也能看到儿童的档案袋或学习档案。

其他早期教育机构选择将观察记录整理到文件夹中或者整理成册，以学习故事或学习日志的形式呈现。它们通常包含儿童的信息、配有文字说明的照片和表明儿童的学习与发展情况的叙事，也包含儿童创作的作品或他们做的注释。这种方法很容易展现儿童取得的进步，特别是在按照时间顺序整理时。

记录儿童学习的方法

- 有关每个儿童或学习区的学习日记/剪贴簿/档案袋/活页夹
- 逸事观察记录（"哇"时刻）
- 针对儿童所做的聚焦性观察
- 儿童创作的作品（剪贴画、绘画作品）
- 儿童参与活动的照片或者儿童作品的照片，并配有文字说明
- 儿童书写作品的样本——儿童发起的书写活动最好
- 儿童的下一步学习计划
- 儿童的讨论记录或者家长的评论
- 日记
- 整个小组或班级的项目活动记录
- 教师在计划表上做的笔记（评价或评论）
- 记录儿童学习的技术系统

早期教育机构、教师与家长密切合作，并建立相互信任的关系是至关重要的。家长在儿童离园时通常会得到这些学习档案，它们记录了儿童与教师在一起的美好时光，也是一段值得儿童和家长珍藏的美好回忆。当早期教育

机构观察、记录儿童的学习，并与家长分享这些信息时，它们：

- 为家长提供了机会，让他们得以了解某一时段发生了什么；
- 让家长得以洞悉儿童上午的活动情况——"我玩了……"；
- 让家长感到安心——"5分钟后，他们就没事了……"；
- 向家长展示了儿童建立的友谊；
- 给家长提供了一些可以和孩子聊的话题；
- 为家长提供了一个值得珍藏的美好记录；
- 促使家长在家里支持儿童的下一步学习，从而实现家园教育的一致性；
- 在家庭和幼儿园之间建立了积极的伙伴关系。

利用观察所得的信息

当我们分析和解读观察所得时，我们就在评价儿童能做什么。早期教育评价主要有两种类型：终结性评价和形成性评价。后者也被称为观察性评价，在早期教育领域被公认为有效的评价方式，因为它可以为我们的实践提供有效的信息。终结性评价是对某一特定时期儿童学习情况的概括。打钩式儿童发展评价量表、考试和测验都是终结性评价的例子。当用这种方法评价两个儿童时，他们表面看可能是一样的，但就学习需求而言，他们实际上是非常不同的。

当我们记录并利用观察所得时，我们就获得了儿童随着时间而取得进步的证据，并获悉了儿童的学习、发展和需求。然后，我们可以依据这些信息采取行动。这就是形成性评价。它描述了观察儿童，并利用观察信息来为儿童计划下一步的学习和发展的过程。"下一步"有不同的称谓（如发展领域、目标或未来的学习机会），但是无论叫什么名字，都是指在了解儿童的基础上为他们的下一步计划不同的活动和体验。当我们这样做时，我们就是在决定他们的未来学习方向和下一步发展。

有助于计划儿童的下一步学习和发展的关键问题

- 我的观察告诉了我哪些有关儿童学习与发展的信息?
- 我发现了哪些以前没有观察到的新信息?
- 我有没有观察到儿童所着迷的事物或儿童的图式行为?
- 我应该为这个儿童计划哪些机会?
- 我需要对已有的教育实践做哪些调整(如果需要)?
- 我需要更进一步观察吗?
- 我应该与谁分享这些信息?

利用观察所得并根据这些信息采取行动,还包括以下内容。

- **识别儿童的图式或图式行为,并基于儿童的兴趣为其计划下一步**。比如,当我们看到儿童对装填图式表现出浓厚的兴趣时,就可以提供大量不同的容器(盒子、篮子等)以及可用于装填的物品。
- **利用儿童的兴趣,计划一项令他们感兴趣的具体活动**。比如,某个儿童养了一只宠物狗本吉,他谈论自己是如何带着本吉去看宠物医生的。基于此,我们可以创设一个角色游戏场景,提供扮演兽医的机会,或带领儿童参观当地的兽医诊所或宠物中心。
- **改变日常活动安排,以满足儿童的需求**。比如,上午晚些时候的点心时间,我们班上新来的一个 2 岁孩子看起来非常疲倦和黏人。于是,我们调整了活动安排,把点心时间提前,然后再安静地待上半小时,这样儿童就可以在室内睡觉、阅读或安静地玩耍,而不是直接从吃点心过渡到另一项忙碌的活动或体验。
- **计划活动或提供材料,以支持和拓展儿童的学习与发展**。比如,我们观察到一个年幼的儿童对旋转图式非常感兴趣,于是决定提供更多的资源和材料来支持这种图式,如不同大小的球和轮子等。
- **与家长分享我们的观察**。比如,某个周四的早上来园时,一个儿童看起来很疲惫,与以往不同。我们和她的家长分享了这一信息,了解到她每周三晚上都会与父亲和哥哥姐姐们在一起，而且睡得比平时晚。于是，我们调整了原有的作息安排。
- **与园外机构分享我们的观察**。我们偶尔可能会对自己观察到的信息感到担心，希望与园外机构分享（只要有可能，就必须征得家长的同意；除非我们认为这是一个涉及监护人有可能虐待孩子的问题，征得家长的同意反而会使孩子面临更多的风险）。比如，我们担心某个儿童的言语和语言发展，于是鼓励他的家长与他们的健康随访员[1]交谈，或带孩子去特定的机构咨询诊断。

一定要反思观察到的内容，正如凯茜·纳特布朗所建议的那样，教师需要"睁大眼睛观察，并对所看到的一切的意义和重要性保持开放的心灵"。这意味着，教师需要对观察持客观态度，尽量不要假设儿童希望获得什么或可能在想什么。教师需要对儿童的行为进行彻底的剖析，以尝试寻找模式并建立联系。这时的教师就像侦探一样，努力分析场景中的每一个细节，从儿童深不可测的行为之谜中寻找意义。教师还需要竖起耳朵倾听，因为儿童的谈话可能给我们提供有关图式的线索。这样的环境和氛围并不是偶然出现的，它需要教师仔细地观察儿童的行为，并适应儿童的兴趣和好奇心。

---

[1] 经过专业培训的护士或助产士，已取得护士执照，尤为擅长解决儿童护理、家庭护理以及社区公共健康等专业问题。在英国，健康随访员主要负责 0—5 岁儿童的护理以及分娩 28—42 天的产妇随访。——译者注

第 3 章

连 接 图 式

> **本 章 目 标**
>
> 本章探讨了对儿童的连接图式和拆分图式的观察,以及如何从活动和资源方面拓展这类行为。

是什么——观察连接图式

在我们身边,连接和拆分的行为无处不在,简单的如穿衣系扣,复杂的如组装家具。有些儿童对如何把物品和材料连接起来特别感兴趣,这就是连接图式。

杰克(19个月)正在忙着给农场动物玩具建造围栏,他聚精会神地把一片片的材料拼接到一起。老师问他是否需要帮忙,他说:"不,我自己可以!"然后,杰克把围栏拆开,再把它连接起来。他一遍又一遍地重复这个动作,似乎对把动物玩具圈在围栏里不感兴趣。

❀ ❀ ❀

乔治娅（17个月）正在玩木质火车轨道，并努力把两个轨道连接到一起。经过几分钟的尝试，她成功了，然后拿了一列玩具火车在短短的轨道上移动着。她试着把更多的木质轨道连接到一起，于是又用了5分钟接上了一条轨道。她对最终的结果非常满意，微笑着为自己鼓掌！

❀ ❀ ❀

朱丽叶（5岁6个月）喜欢把东西绑到一起，她不放过任何一个机会。有一次，她把玩具狗的绳子系在了婴儿车上。还有一次，她把睡衣上的一根绳子的两端分别系在了门把手和床架上。然后，她在绳子上挂了两个衣架，像在高空索道滑行一样移动它们。

❀ ❀ ❀

诺厄（3岁8个月）非常具有想象力，喜欢在美工桌上进行美工活动。他花了很长时间摆弄不同的拼贴材料，把它们剪碎，然后用胶水将它们粘在一起。有时，诺厄会把自己正在做的东西描述成一项"伟大的"发明。他最终创作的作品是由一层又一层不同的纸粘在一起的，就像一座纸塔。

❀ ❀ ❀

汤姆（4岁10个月）在森林学校期间捡了很多树枝，并把它们连成一条长线。他精准而小心地摆放每根树枝，以确保树枝和树枝间首尾相连。这次在森林学校，他大部分时间都在玩这个游戏。

连接图式在所有年龄段的儿童身上都可以观察到。儿童专注于将碎片连接到一起，或通过某种方式将它们粘在一起，或让它们彼此碰触。

我们可以看到儿童：

- 选择玩火车轨道玩具，并把轨道连接起来；
- 摆放玩具，让它们以某种方式相互碰触；
- 把不同的材料粘在一起；

- 把物品扣到一起或者固定到一起；
- 把珠子穿成一长串或一条项链；
- 喜欢把玩具火车轨道断开；
- 用物品制作链子；
- 摆放玩具，并让玩具首尾相连；
- 将树枝或树叶首尾相连地排成一条长线；
- 用绳子把东西捆起来；
- 用丝带、绳子或可以打结的材料将玩具捆到一起；
- 把东西拆开；
- 玩拼图；
- 反复把搭建的塔推倒。

为什么——解读连接图式

探索连接图式的儿童特别喜欢把东西连接起来或者拆开，或者让玩具和材料以某种方式相互碰触并连接起来。杰克独自把"农场"的围栏连接起来。他花了很长时间专注于这项任务，拒绝任何帮助，一心一意要自己完成。当把围栏的一边和另一边连接起来时，他也正在提高手的灵巧度和精细动作技能，因为围栏有凹面和凸面，需要完全对齐后才能连接到一起。杰克独立完成了这项复杂的任务，他对把动物玩具圈在围栏里丝毫不感兴趣，而是痴迷于连接或拆开一片一片的围栏。

乔治娅以相似的方式专注于将火车轨道拼接起来。这个任务比建造围栏简单一些，因为它就像一个松散的拼图，但仍然需要良好的控制力和注意力。她全神贯注于这项任务，将更多的轨道连接到一起，直到她觉得火车有足够的轨道为止。完成这一任务带来的快乐感和满足感是美妙的，她为自己鼓掌！

朱丽叶特别喜欢用绳子和线把东西连接到一起。她正在思考如何用绳子把东西绑到一起，并利用每一个机会来探索这个问题。她把睡衣上的绳子作为高空索道，表明她正在探索物体是如何沿着线或绳子移动的，这与运动有关。

诺厄貌似更喜欢将东西连接到一起的过程，而不是他所创作的最终作品。他把纸和其他材料用层层堆叠的方式粘在一起，表明他对把它们连接到一起特别感兴趣。诺厄这样的儿童喜欢用各种不同的胶水和胶带连接材料，通常会在美工桌上进行长时间的操作。

汤姆通过将树枝首尾相连摆成一排，展现出对连接图式的兴趣。观察他是否对物体的位置感兴趣，是否表现出定位图式，也是很有趣的。汤姆正在思考如何让不同树枝的两端彼此接触——"这根大树枝与那根小树枝能连到一起吗？我能不能让它们一直连接呢？换一根树枝会更适合吗？"

下一步做什么——拓展连接图式

我们可以通过许多不同的方式来拓展连接图式、支持儿童。比如，我们可以为杰克提供一些不同类型、具有不同连接方式的建构材料，从而挑战他的精细动作技能。他可能想独立使用这些材料，所以我们可以在杰克旁边玩，向他示范如何连接这些材料而不是直接教学。乔治娅可能也喜欢探索不

同的连接方式——她可能对用线把物品穿起来或使用某个只有一种连接方式的材料感兴趣，这是一个比连接轨道要困难的任务，她或许很享受克服困难后带来的满足感。

朱丽叶热衷于用绳子打结，家长和教师在她玩游戏的时候要注意到这一点，同时不要设置太多的限制。有一点要牢记，不要在没有人监督的情况下给幼儿提供短绳子或丝带。他们可能会被短绳子或丝带缠住，进而带来致命的后果。我们可以把朱丽叶的兴趣纳入新的学习机会，为她提供不同长度、粗细的绳子和丝带，让她进行连接。她也可能喜欢玩高空索道游戏，所以如果有可能，可以带她去有高空索道或类似设施的公园玩。

我们可以通过为诺厄提供不同类型的连接物和各类材料来拓展他的思维。诺厄很喜欢使用胶水和胶带，或许他也想尝试使用回形针、吊牌绳等，从中获得的新体验能够激励他用不同的方式连接各种东西。

我们可以鼓励汤姆收集不同长度和直径的树枝甚至原木，从而支持他进一步探索连接图式。不同大小的树枝能用相同的方式连接到一起吗？在户外玩的好处之一是，像汤姆这样的儿童可以有更大的空间进行探索和探究。所以，汤姆也许想和同伴比一比，看谁能将树枝摆得最长？或者，可以用线或者绳子将这些树枝绑在一起。

当我们发现儿童表现出连接图式时，我们应该提供更多的资源和活动来支持和拓展他们的思维。以下建议可供参考：

- 用雏菊、纸、毛根或回形针与儿童一起制作链子；
- 用线和树枝制作蜘蛛网；
- 鼓励儿童将树叶编织在树枝上或者串在树枝上；
- 提供细线、绳子、玩具和可以绑在一起的物品（确保该活动是在监督下进行的）；
- 提供建造铁轨、道路或围栏的机会；
- 提供一系列可以用不同方式连接的建构材料；
- 在户外提供管道和排水管，供儿童开展大型连接活动；
- 提供磁性玩具和建构材料；

- 提供有各种不同系扣方法的角色扮演服装；
- 在沙水区提供管子和漏斗，用于连接；
- 提供胶带、胶水、胶棒、回形针、吊牌绳、橡皮筋等，供儿童利用废旧材料搭建模型；
- 提供打孔器，便于儿童把纸片串在一起制作风铃；
- 提供穿线用的材料，如意大利面、珠子、棉线卷、丝带、鞋带等；
- 玩一些需要儿童手拉手的游戏，如圆圈游戏；
- 提供粗粉笔，便于儿童在户外的不同区域里画线；
- 为儿童提供不同片数、不同拼接方式的拼图；
- 使用词汇支持连接图式，如"连接""相连""系上""系到一起""分开""断开""打结""穿线""穿过""在里面""在上面"等。

与其他图式的关联

连接图式与定位图式紧密相关，因为儿童通常也非常关心物体或玩具的位置。从汤姆身上就可以清楚地看到这一点，他把树枝精准而小心地摆成一条长线。

探索连接图式的儿童也可能对穿过边界图式感兴趣，特别喜欢穿线、编织或缝纫活动。比如，诺厄可能对缝纫活动很感兴趣，因为他对创作东西特别有热情。朱丽叶也可能喜欢穿线和编织活动，把它们作为使用毛线和绳子的另一种方式。

有些儿童还会着迷于拆分物体，表面看这是一种不适宜的行为，但是从图式的角度进行诠释可以为我们理解儿童的思想、动作和行为提供新的思路。在第15章，我们将再一次遇到杰克，观察到他推倒了同伴搭建的高塔。他的这一行为将连接图式与轨迹图式联系了起来。

第 4 章

装 填 图 式

本 章 目 标

本章将带领读者观察儿童反复装满和倒空容器或袋子的行为,也将从活动和资源方面阐述如何拓展这类行为。

是什么——观察装填图式

装填东西是我们日常生活的一部分。我们会带着袋子购物,用洗衣篮装衣服,把东西放进口袋,带着手提包或钱包,把东西整齐地放到篓子里。我们中的很多人喜欢买一些收纳箱和首饰盒,用于存放珠宝和其他零碎的物品。模仿是年幼儿童学习的主要方式之一,因此我们频繁地观察到他们的装填图式也就不足为奇了。儿童常常痴迷于把东西放进袋子和把东西从袋子里拿出来。有趣的是,世界各地的儿童在收到一个装在大盒子里的礼物时,他们往往更着迷于大盒子,而不是里面的礼物!很多儿童喜欢把东西包括他们自己,放到别的东西里面。所以,装填图式也包括儿童把自己"装进"盒子或箱子。

凯蒂（3岁10个月）推着玩具娃娃的婴儿车在幼儿园里转来转去。她已经在婴儿车上挂了几个包，里面装满了各种零七碎八的东西。她来到小小世界游戏区，把玩具人偶和汽车玩具堆到了婴儿车的座位上。凯蒂的妈妈说，凯蒂一直对包包和袋子很感兴趣。她在更小的时候会把妈妈手提包里的东西倒在地上，这让妈妈很恼火。

艾萨克（4岁8个月）的口袋里总装着四五块石头，他的妈妈有时甚至把石头与衣服一起放进了洗衣机！艾萨克一有机会就会收集树枝和石头，我们经常看到他的玩具翻斗车里装满了从花园捡来的各种东西。

❀ ❀ ❀

佐薇（2岁4个月）和父母度假时去了海滩。她同时拎了三个小水桶，花了很长时间收集石子和贝壳，并把它们放到桶中。佐薇的妈妈提出帮她提着小水桶，佐薇回答说："我自己来，这是我的桶！"

❀ ❀ ❀

简（2岁10个月）喜欢爬到各种空间里，她经常把玩具从盒子里倒出来，然后自己爬进去。她有时说："我在'车'里！"有时说："看，我在'船'里！"简还会把她的泰迪熊放到盒子里。她的妈妈告诉老师，简的房间里有好几个鞋盒和篮子，里面装满了她的毛绒玩具。简的妈妈还说，在节日和过生日时，简更感兴趣的是盛玩具的盒子和包装，而不是里面的玩具。

❀ ❀ ❀

莉迪娅（2岁6个月）喜欢把玩具和材料分门别类地装到不同的容器里。教师给了她不同颜色的碗，她花了很长时间把绒球按照不同的颜色分别装到不同的碗里，让绒球与碗的颜色相匹配。

我们可以看到儿童：

- 爬到盒子或箱子里；
- 把东西装到容器里；
- 把东西装到口袋里；
- 将玩具或其他材料装到玩具卡车、运输车、婴儿车、小推车上；
- 将沙子、水、碎石、土等装入小桶；
- 将水槽堵上以蓄水；
- 清空容器（包括纸巾盒）；
- 把盒子里的玩具倒在地板上；

- 将信放到信箱里；
- 使用形状配对器；
- 将手提袋、背包、行李箱等装满或清空；
- 把玩具放在婴儿床上、鞋盒里或其他可放东西的容器里。

为什么——解读装填图式

当儿童着迷于把自己或不同的东西放进某些容器时，这就是装填图式。在每个幼儿园和世界各地的许多家庭中，通常至少有一个"凯蒂"——通常是女孩，她们收集零碎的物品放在手提袋里或包里。在我们家，当一块拼图或者放大镜不见了时，我们往往会去二女儿房间的手提袋和背包里寻找。它很可能就在其中一个袋子里，因为她对装填东西非常感兴趣。

通过装填东西，凯蒂享受着把东西放到婴儿车上的各种包包里的过程。她还对搬运图式很感兴趣，这两种图式经常同时出现。凯蒂正在探索容积和容量的概念。"这个包包能装下多少东西？""我能把这个玩具挤到那个包包里吗？"这些想法也将支持她发展空间认知能力和对大小的理解能力。凯蒂非常热衷于清空妈妈的手提包。清空也是装填图式的一部分。为了填满东西，有时需要先把容器清空。儿童清空容器的行为，可能会令成人很沮丧，并被视为不适宜行为。然而，它可能只是进一步证明了儿童在探索装填图式。

艾萨克在用树枝和石头装满口袋和玩具翻斗车时，也在探索容积、容量、大小等概念。他喜欢收集树枝和石头，在挑选它们的时候可能会考虑其他的标准，比如，这块石头是圆的、光滑的，所以我要收集这个；那块石头是锯齿状的、锋利的，所以我不选它。问问艾萨克他是否只收集某些特定的树枝和石头，也是很有意思的事情，因为这可以帮助我们理解他的想法。

通过装填图式，佐薇在探索独立性和控制能力。她坚持要自己拿着小水桶，把贝壳和石头放进桶里。2岁多的佐薇尝试同时拎着几个小水桶，她正在最大限度地发挥大肌肉运动能力。这是这个年龄段儿童的典型行为——他们喜欢向别人展示自己的能力，"我的"或"我自己做"这样的话语司空见惯。他们正在试探自己的能力，探索自己能做什么和不能做什么。同时，佐薇也正在发展自我意识，认识自己是谁。只要有可能，她就会掌控自己生活的方方面面。

很显然，简对把自己装到容器里很感兴趣，只要有机会，她就会爬到盒子里。她正在思考空间和容积概念——"我能不能进去？待在那个空间里会是怎样的感觉？"她正在发挥想象力——"我可以爬进那个箱子，把它当成一艘船或一辆车"。简也喜欢把毛绒玩具放到鞋盒和篮子里，从不同的视角探索装填图式。

莉迪娅正在对绒球进行分类排序，将它们分成不同的颜色。她用彩色的容器将这些绒球分开，貌似很喜欢将这些颜色混乱的绒球重新排序。当她把绒球放到碗里时，她就在探索装填图式。值得注意的是，她在其他区域游戏时是否也装东西或"装"自己。比如，她在娃娃家时喜欢往袋子和容器里装东西吗？

下一步做什么——拓展装填图式

我们可以基于儿童对装填图式的兴趣，为他们计划下一步的学习机会。比如，凯蒂可能很期望有机会探索大小不同的包包。因此，她可以收集一系列不同形状、大小的包包和一些用于装填包包的小东西。这样的活动应该会引起她的兴趣。艾萨克可能喜欢在成人的陪同下去户外收集树枝和石头，在这个过程中，成人可以和他聊聊收集的东西。在艾萨克身边与他一起收集树枝和石头，这向艾萨克表明成人对他所做的事情真的很感兴趣，而且他的行为得到了成人的允许。艾萨克也可能喜欢探索满是鹅卵石的海滩，或者阅读一些与翻斗车有关的图书，了解它们在现实生活中是如何运输东西的。

我们可以为简提供很多"装"自己的机会——也许可以给她一个很大的箱子让她在里面玩，或者提供一些可以建造小窝的材料。莉迪娅可能想研究不同的分类方法。如果她对颜色特别感兴趣，那么她可能喜欢把不同的物体按颜色分类。

当我们在儿童身上发现了装填图式时，我们可以提供更多的资源和活动来支持和拓展他们的思维。以下建议可供参考：

- 提供各种不同的物品和容器，让儿童进行装填活动；
- 提供各种可用于装填容器的东西，如鹅卵石；
- 确保我们拥有"许可的精神"，允许儿童装满和清空不同的容器；
- 提供儿童可以爬进去的足够大的箱子或其他容器；
- 确保容器的形状和大小不同；
- 提供在沙子或泥土里掩埋并翻找物品的机会；
- 购买一些形状配对类玩具；
- 提供篮子和不同的自然材料供儿童进行分类，如羽毛、鹅卵石、树枝、树叶、贝壳等；
- 提供鼓励儿童对物品进行分类和排序的活动；
- 在不同的区域提供容器，如角色游戏区、美工区、户外；
- 允许儿童在厨房里摆弄锅碗瓢盆，把东西放到里面再拿出来；
- 鼓励儿童搭建小窝或藏身之处来隐藏物品和自己；
- 给儿童准备有很多口袋的衣服，或者给泰迪熊穿上有几个口袋的衣服；
- 挑选一些手提袋、篮子和背包供儿童游戏；
- 鼓励儿童自己动手做事，如搬运物品或装填容器；
- 在沙水游戏中，给儿童提供探究各种容器的容量和容积的机会；
- 提供玩具卡车、婴儿车或者手推车，让儿童用来装东西；
- 鼓励儿童整理和收拾玩具；
- 使用与装填游戏相关的词汇，如"里面""外面""进去""空的""满的""空间""装得下""在里面""在外面"等。

与其他图式的关联

装填图式是最常见的图式之一，它与搬运图式、围合图式、定位图式、连接图式密切相关。比如，凯蒂喜欢把包包、人物玩偶和玩具汽车装到婴儿车上，也喜欢推着这辆婴儿车到处走，她正在搬运自己所收集的东西。至于她的主要兴趣是把玩具装在婴儿车上，还是把它们运来运去，我们只能通过仔细的观察来确定。不过，我们可以很轻松地为凯蒂提供探索两种图式的机会，从而拓展她的思维。比如，为她提供大量的机会把东西装到包包里，同时提供手推车、大型玩具卡车、婴儿车等不同的搬运工具。

简对爬到盒子里特别感兴趣，这一行为与围合图式紧密联系（儿童渴望把自己或物体围起来），也与包裹图式密切相关（儿童喜欢把自己藏起来或用东西把自己盖起来）。要想知道简是否也对围合和包裹图式感兴趣，最好的方法是观察她并对观察信息进行反思。

莉迪娅正在玩分类游戏，她根据颜色将绒球进行分组。她先将这些绒球连在一起，然后把它们按照颜色分类，以便可以将它们放在"正确的"碗里，这种行为与连接图式有关。她小心地把每个绒球都放到相对应的碗里，这种行为又与定位图式有关。

第 5 章

中心和放射线图式

> **本章目标**
>
> 本章将分享一些儿童的案例,他们喜欢把轨迹和旋转这两种图式结合起来,比如,从中心向四周画线,就像太阳光线一样。本章将从活动和资源方面阐述如何拓展这类行为。

是什么——观察中心和放射线图式

中心和放射线图式是一个有趣的图式,因为它结合了直线运动的轨迹图式和圆周运动的旋转图式。想一想,儿童一般是如何画太阳光线的。他们往往先画一个圆,然后围绕圆均匀地向外添加射线。你可以想象一下自行车轮胎上的轴心和放射状的辐条,这也是一个典型的中心和放射线的形状。想象一下我们是如何切比萨和蛋糕的,或者想象一下各种情况下被用来代表心情或阳光的太阳图标,就会发现这些"太阳"和"辐条"形状经常出现在我们的日常生活中。此外,圆螺钉及其四周连接的直线或者杆子,也呈现出中心和放射线形状。

有些儿童热衷于在纸上或用其他不同的材料画出或创作这样的图像,他们也可能移动身体,将旋转和摆动的动作结合起来。

杰登(3岁10个月)使用小棍子在泥里画画,他先画了几个圆圈,说:"看,这是脚印!"然后,他在圆圈上添加了一些线条,说:"看,爪子,爪子!这是'咕噜牛[1]'的脚印!"接下来,杰登移到一块新的泥地前,画了更多的圆圈和线条,并描述了他正在画的"咕噜牛"的脚印。

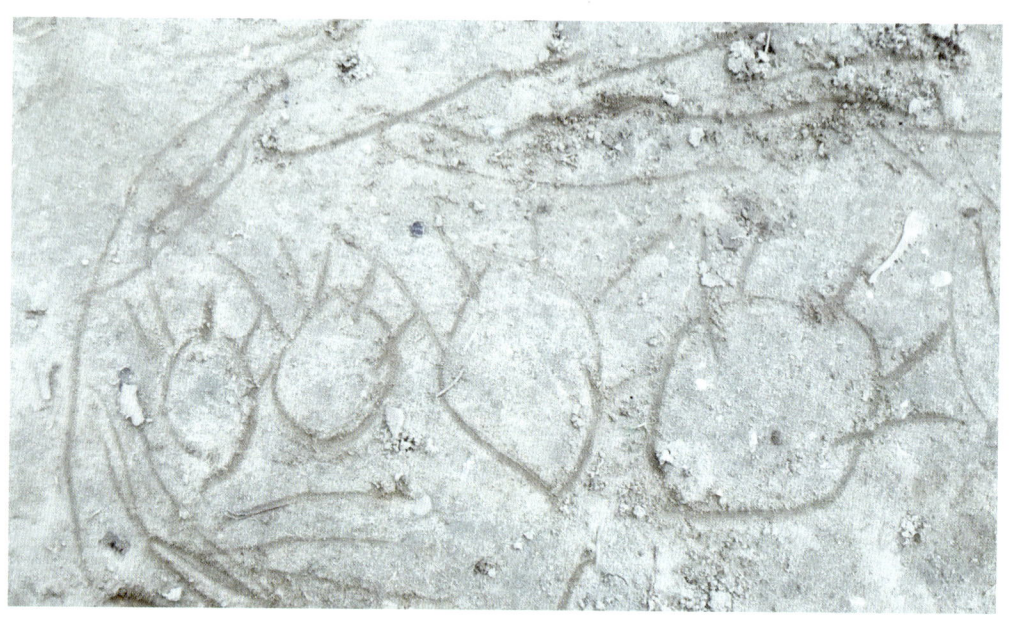

蒂娜(5岁)正在用建构材料(雪花片)从一个中心点出发创作线条。她沿着顺时针方向围绕圆形雪花片依次添加直线,直到用完所有可用的雪花片。

---

[1] 绘本《咕噜牛》中,一个大怪兽的名字。——译者注

❀ ❀ ❀

约翰（4岁2个月）正坐在美工区画画。他的老师注意到，他以前喜欢画圆圈或者线条，但今天约翰把线条和圆圈组合起来画了个太阳。他告诉老师，他已经画了很多太阳。

❀ ❀ ❀

莉迪娅（18个月）正在厨房里给妈妈"帮忙"，她用面团做了一些蛋糕。然后，她开始用吸管装饰她的蛋糕，并反复把它们固定在蛋糕中，直到它们可以在蛋糕中竖起来。莉迪娅的妈妈鼓励她玩这个游戏，并问莉迪娅："它们是蜡烛吗？这些是生日蛋糕吗？"然后，她提议一起唱《生日歌》，并数一数有几根蜡烛。

当儿童对圆周运动和直线运动都感兴趣时,我们通常能识别出他们表现出的中心和放射线图式。

我们可以看到儿童:

- 旋转玩具,然后放开,就像田径运动中的链球项目;
- 沿着地面或斜坡滚球;
- 在绘画活动中画圆圈和直线;
- 画"太阳";
- 画类似自行车轮胎的形状;
- 搭建一个从中心点伸出许多线条的作品;
- 把卫生卷纸展开;
- 用面团或黏土制作"生日蛋糕"或刺猬;
- 用擀面杖擀面团或者黏土;
- 荡秋千;
- 喜欢玩游乐场里既可以旋转又能直线移动的游乐设施;
- 玩吹泡泡游戏,儿童可能对泡泡的形状和它们在风中的运动轨迹感兴趣。

为什么——解读中心和放射线图式

杰登使用小棍在泥里画画，表明他对中心和放射线图式很感兴趣。留意一下，他是否对轨迹图式和旋转图式也感兴趣。我们不知道，杰登本来就想画脚印，还是看到画出的图形后才决定它们是脚印。通过添加线条，他把图画与"咕噜牛"联系了起来。

蒂娜着迷于让线条从每个圆形雪花片上伸展出来。她选择使用的建构材料本身就适合呈现中心和放射线形状，因为圆形雪花片可以与几条直线连接。然而，并不是所有儿童都会自动地创造这种形状。蒂娜有条不紊地把直线连接到中间的雪花片上，呈现出"太阳"的图案。她就像一位科学家，运用手边的所有材料有条理地创造每一种可能的图案。

约翰很有趣，因为他在之前的游戏中已经表现出对画线或画圆圈的兴趣。他画的这幅画意义重大，因为他把对线条和圆圈的兴趣结合起来，并画出了"太阳"。这是儿童绘画能力发展中的一个典型现象。他们先是在随意涂鸦阶段胡乱涂画，然后发展成有控制的涂鸦，比如，画线条和圆圈。随着儿童精细动作控制能力的增强和手部更加灵巧，他们画的圆圈越来越圆。当儿童用绘画表征自己对周围世界的认识和思考时，他们的有控制的涂鸦就有了意义。正是在有控制的涂鸦阶段，儿童把画线和画圆的技能结合起来，正如约翰画出太阳和太阳光线一样。

凯茜·纳特布朗说过：

> 当蜘蛛、辐条和阳光出现在儿童的绘画里时，儿童就拥有了书写多种语言的书面文本所需要的大部分符号。所以，儿童早期通过身体运动而发展的图式行为，为他们书写能力的最终形成奠定了必要的基础。

纳特布朗所描述的"中心和放射线的形状"恰恰是约翰的绘画中呈现的，因此约翰的绘画探索支持了他的书写字母能力的发展，也将帮助他在接下来的一年中成为书写者。

莉迪娅把吸管插到面团蛋糕上，使整个蛋糕呈现出中心和放射线的形状。值得注意的是，她是否也喜欢用其他方式表现这些形状，或者对把面团揉成球或线条特别感兴趣。莉迪娅的妈妈识别出这些形状就是蜡烛和生日蛋糕。虽然我们不知道制作生日蛋糕是莉迪娅的想法，妈妈只是支持了她，还是这个想法是妈妈提出来的，但是，这个想法产生了，莉迪娅把面团操作活动和她对周围世界的理解联系起来，表征了她所熟悉的一个概念——"生日蛋糕"。这个图式游戏让莉迪娅重复着滚动和挤压动作，以便把面团制作成蛋糕；也重复着钳形抓握和手眼协调动作，以便把"蜡烛"插在合适的位置上。

下一步做什么——拓展中心和放射线图式

当我们在儿童身上观察到中心和放射线图式时，我们可以有很多方法来拓展他们的学习。杰登可能也喜欢使用其他材料创作"咕噜牛"的脚印，比如，用玉米面粉和水的混合物勾勒"咕噜牛"的脚印，或者用黏土、面团制作"咕噜牛"的脚印。蒂娜可能着迷于用不同类型的建构材料制作中心和放射线形状，也可能对使用废旧材料表征这些形状感兴趣。约翰的老师可以为他制订计划，把他对太阳形状的兴趣与户外运动联系起来，鼓励他参加涉及旋转与轨迹运动的跨越障碍物活动。莉迪娅的妈妈已经拓展了莉迪娅的思维，她把莉迪娅创作的中心和放射线形状与生日蛋糕和蜡烛联系起来。如果莉迪娅对此感兴趣，那么妈妈可以为她的一个玩具策划一个迷你生日派对，邀请莉迪娅制作生日蛋糕。

拓展儿童图式游戏最棒的一点在于，可能性是无限的。当我们把新的机会和活动与儿童所着迷的事物和图式联系起来时，我们就有可能发现无数个鼓励儿童进一步探究的线索。为了支持对中心和放射线图式感兴趣的儿童，以下建议可供参考：

- 邀请儿童参与烹饪活动，特别是那些需要擀面团或揉面团的活动；
- 购买一些可以使用杆子和连接装置的建构材料；
- 为儿童提供机会玩可塑形的材料，如橡皮泥或黏土，并提供不同的材料让他们添加在上面，如吸管、羽毛、火柴棍、棒棒糖等；
- 允许儿童玩轮胎秋千；
- 用跳绳、呼啦圈和玩具隧道等创设包含直线运动和旋转运动的跨越障碍物活动；
- 鼓励儿童探索不同的车轮和自行车的辐条；
- 在天花板上用绳子挂一些球，鼓励儿童旋转或摇晃它们；
- 玩滚球撞柱游戏，它结合了滚动、旋转与直线运动；
- 为儿童提供切比萨或蛋糕的机会，或提供用尼龙搭扣把各个部分连起来的玩具比萨或者蛋糕，方便儿童"切开"；
- 鼓励儿童制作小刺猬——在美工活动中探寻表征刺猬的不同方法；
- 为儿童提供使用各种废旧材料进行创作的机会，如塑料奶瓶盖、纸箱、盒子、管子、吸管等。

与其他图式的关联

很明显,中心和放射线图式与旋转图式和轨迹图式有关,因为它结合了圆形(中心点)和从中心点发出的像光线一样的"放射状"直线。因此,我们可能发现,对中心和放射线图式感兴趣的儿童也对旋转图式或轨迹图式着迷。

中心和放射线图式可能与连接图式相关,因为儿童可能对用线连接中心点感兴趣。这一点可以在他们操作建构材料或可塑形材料的时候表现出来,正如上文提到的蒂娜的案例。她对把建构材料连接在一起特别着迷,表明了她对连接图式的兴趣;她所创造的形状,则表明了她对中心和放射线图式的兴趣。

第 6 章

围 合 图 式

> **本章目标**
>
> 本章将分享对儿童的围合图式行为的观察,他们要么爬到箱子、隧道或临时搭建的小窝里,要么把他们的绘画/书写作品框起来。本章也将从活动和资源方面阐述如何拓展这类行为。

是什么——观察围合图式

我们家的洗衣篮很少被当作洗衣篮用,它可以是海盗船、火箭、泰迪熊的学校,也可以是其他的东西!多半情况下,孩子们会坐在篮子里,享受蜷缩在里面的感觉。他们有时会把靠垫塞进去围在自己身边,让自己更舒服些。围合图式,是指儿童用一道边界将自己、自己身体的某一部分、物体或空间包围。这道边界可以是任何尺寸、任何形状,由任何材料做成的。围合图式与装填图式、包裹图式有非常密切的联系,很难单独讨论它。

科拉（2岁9个月）正在摆弄农场玩具，她想建造一个动物围栏。她很快地把围栏连接在一起，然后专注地将动物们放到围栏里。过了一会儿，科拉把动物们拿了出来，说它们要吃饭了。然后，她把另外一些动物放到围栏里，说："你们进去，轮到你们了。"

❀ ❀ ❀

汤姆（4岁2个月）正在用小积木进行建构活动。他把积木并排放在桌子上，建造了一个平台。然后，他把两块积木搭成"T"字形竖立在平台上。之后，汤姆又小心翼翼地把积木一个接一个地连起来，完全把他的建筑物围住。汤姆一边做一边说"再来一块"，直到摆完了最后一块积木。然后，他继续用积木把一个玩具杯和他弟弟之前搭建的建筑作品围了起来。

❀ ❀ ❀

蒂娜（5岁4个月）正坐在绘画区的一张桌子旁，手握着一支笔，小心翼翼地给全部含有围合空间的字母涂色，如 a、d、e 等。她的老师注意到，她也给含有围合空间的数字涂色，如 0、4、6、8 和 9 等。她还经常把她的绘画作品和文字说明框起来。

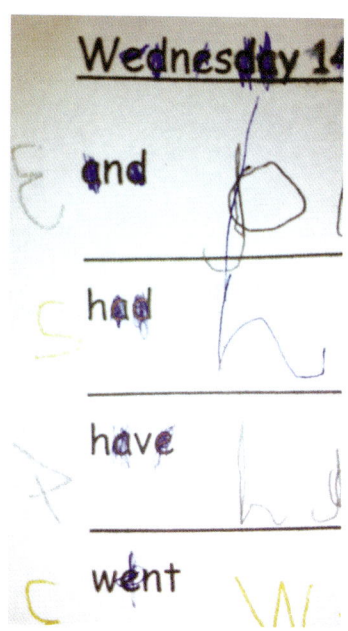

第 6 章 围合图式 49

❀ ❀ ❀

卡洛斯（3岁4个月）正在垫子上玩玩具小汽车，老师注意到他喜欢玩小汽车，就用鞋盒给他制作了一个车库，可以把玩具汽车放进去，并给盒子里的不同车位编上号码。卡洛斯花了很长时间反复地把车"开进"车库再"开出来"。他一边游戏一边自言自语。当他把车"开进"车库时，他会说："进去！"

凯蒂（4岁2个月）最喜欢的事情莫过于坐在盒子或其他容器里。她告诉妈妈，这是她的专属空间，妈妈是进不来的。有时，凯蒂也把玩具和泰迪熊装到盒子里，然后她爬进去和它们待在一起。凯蒂的妈妈说，凯蒂晚上在床上时也会在身边放很多玩具，有时她觉得都没有海蒂睡觉的地方了！

我们可以看到儿童：

- 坐在盒子里；
- 在隧道里玩；
- 喜欢在帐篷、小窝或者其他可以把他们围起来的空间玩；
- 为他们的作品画边框；
- 建造围栏把自己围起来；
- 用砖或其他材料为玩具小动物或其他玩具建造围栏；
- 把不同的材料连接起来建造围栏；
- 把玩具、物品或自己放到建好的围栏里；
- 坐在一个空间里，用玩具包围自己；
- 用砖块和栅栏建造房屋或小牧场；
- 对手镯、项链或手表很着迷；
- 用垫子把自己围起来；
- 沿着盘子边缘将食物摆放一圈；
- 围着操场骑自行车；
- 把圆圈里面涂满颜色或给含有围合空间的字母（如 a、b、d、e、g）涂色。

为什么——解读围合图式

可以看出，科拉更感兴趣的是把动物放进围栏而不是把围栏连起来，因为她把动物放入围栏所花的时间更长。对她来说，建造围栏是为了玩"把动物放到围栏里"的游戏而必须要做的事，所以她尽可能快地建好了围栏。然后，她用更长的时间把动物放到围栏里。科拉的话——"你们进去，轮到你们了"也给我们提供了一些线索，有助于我们了解她的游戏目的。很明显，她正在把动物放进去，用围栏把它们围起来。

汤姆专注于让积木互相接触（与连接图式相关），他还把积木摆放到一起，使之成一个"T"字形——汤姆名字中大写的字母"T"。然后，他用积木把他在桌子上能找到的所有东西都围起来。汤姆在搭建围栏的时候说了一句"再来一块",这表明他对数量很感兴趣,他在估算还需要一块积木才能建好围栏。所有这些积木的大小都一样,所以实际上他正在通过建构活动探索数量——把这个建筑物围起来需要多少块积木?把这个小杯子围起来需要多少块积木?

蒂娜注意到个别字母和数字含有围合空间,并仔细地给这些空间涂色。留意一下,她是否也喜欢把自己围在一个空间里,或者在游戏中把玩具围起来,或者以任意一种方式进行装填活动。通过给字母和数字涂色,她不仅发展了精细动作技能,而且在思考着洞、空白和填满它们,同时她的行为也再一次清晰地表明了围合图式与装填图式、包裹图式的联系。

卡洛斯对在垫子上玩小汽车特别感兴趣,他的老师就利用这一兴趣拓展他的游戏。卡洛斯没有注意到在游戏中使用数字的可能性。通过他的语言,我们可以发现他对把车开进"车库"很感兴趣。他的这一行为与装填图式紧密联系,而他对汽车位置的兴趣与定位图式相关。此外,他也在探索空间和容积的概念。

很明显,凯蒂很喜欢把自己围在一个空间里。她有时喜欢一个人做这件事,但偶尔也会让她的玩具参与其中。凯蒂向她的妈妈明确表示,这是她的专属空间;这意味着,她可能把这个盒子作为她与外界的一道分界线,也许她正在通过这种方式让自己与妈妈保持一定的距离。凯蒂晚上在床上放了很多玩具,表现出了装填图式行为。她用玩具把自己围起来,而这也许能给她一种安全感。

下一步做什么——拓展围合图式

我们可以带科拉参观农场,从而为她提供进一步探索围合概念的机会。她可能会饶有兴趣地观察现实世界中不同的围栏。另外,还可以为科拉提供不同的机会把她的动物玩具围起来。比如,可以问她是否愿意从公园里收集一些绿色植物建造篱笆,或用小树枝搭建一个围合的空间。

我们可以为汤姆提供不同的材料,比如单元积木或几何形状的积木,然后基于他对数量的兴趣请他估算一下建造一个围栏需要多少积木。他也可能很喜欢用不同的材料在室内外建造围栏。

蒂娜或许很喜欢把容器装满和清空，把自己围在一个空间中，或者探索使用不同的材料填补空隙。她可能还会发现，给数字或复杂的图案涂色这类活动会给她带来满足感和成就感。

我们可以进一步拓展卡洛斯的游戏，为他提供可以使用多种方法把玩具汽车围起来的机会，比如，提供一辆汽车运输车或一个隧道。卡洛斯可能也喜欢在户外为自行车和三轮车建造专门的存放空间，如车库、停车场等。如果他表现出对数字的兴趣，那么我们可以同时拓展他对数字和围合的兴趣，比如，为停车位和自行车编号。

凯蒂很喜欢把自己和玩具一起放到大盒子和大容器里。她可能也喜欢搭建小窝，或者给她的玩具建造围栏。

我们可以通过多种方式支持和拓展儿童的围合图式，以下建议可供参考：

- 为儿童提供大块的布和晾衣架，或者把布挂在晾衣绳上——可以用衣夹将布固定好；
- 提供大盒子，便于儿童爬到里面；
- 提供钉板和钉子；
- 提供可在纸上做边框的材料；
- 在读写区投放一些带边框的纸；
- 在小小世界游戏中，投放房屋、车库和汽车运输车等玩具；
- 提供适合建造围墙、围栏、桥梁、隧道、墙壁和房屋的建构材料；
- 提供可以在美工活动中用作边框的棒棒糖棍、毛根、丝带和其他材料；
- 把房间分隔成若干个围合起来的小区域；
- 鼓励儿童给自己的画作配上边框；
- 邀请儿童收集细树枝和木棍来制作或搭建自然的边框；
- 提供信封来装东西，提供纸来包裹物品；
- 允许儿童在滑梯下面或其他围合起来的空间里玩耍；
- 收集绷带、手镯、项链、手表和腰带，便于儿童把自己身体的某一部位围起来；

- 玩游戏内容涉及动物围栏或者笼子的游戏，如以兽医、农场或动物园为主题的游戏；
- 为儿童提供给数字或形状涂色的机会；
- 提供可以套叠在一起的玩具，如俄罗斯套娃和套杯；
- 沿着某一区域边缘活动，比如，围着花园骑自行车；
- 制作一些带馅的食物，如馅饼、三明治等；
- 收集有分隔的盒子，如巧克力盒、饼干盒等；
- 在角色扮演区提供纱丽、斗篷和围巾；
- 使用"里面""在里面""外面""环绕""边缘""四周""边界""围栏""围绕""包裹""角落""在旁边""在上面""在下面"和"装填"等词汇来支持围合图式。

与其他图式的关联

围合图式与其他图式的联系非常密切,尤其是装填图式和包裹图式,有时很难区分它们。在这些图式中,儿童常常装满和清空盒子,或将自己围合在一个空间或容器中。这一点可在上文卡洛斯和凯蒂的案例中清晰地看到,因为他们热衷于把东西和自己放入某一空间。

在汤姆的建构游戏中,我们可以看到围合图式与连接图式相关。为了将建筑物围合,他将积木一个个连起来;他仔细确定积木放置的位置,这也表明他对定位图式很感兴趣。此外,科拉也对定位图式感兴趣,因为她关注动物的位置,确保它们都在围栏内。留意一下,她在游戏中是否对其他物体的位置也感兴趣。只有密切观察并关注儿童的兴趣及其所着迷的东西,我们才能真正识别和确认围合图式与其他图式的联系。

第 7 章

包裹图式

本章目标

本章将分享对儿童的包裹图式行为的观察,比如,儿童喜欢把自己藏起来或者盖起来,把东西和玩具包起来,或者穿好几层衣服来装扮自己。本章也将从活动和资源方面阐述如何拓展这类行为。

是什么——观察包裹图式

我们最小的孩子表现出大量的包裹图式行为。她非常喜欢玩躲猫猫之类的游戏,喜欢躲在被子和毯子下面。她也喜欢把玩具包起来,我们经常发现她用一块布把泰迪熊包起来作为"礼物"送给我们。事实上,因为她太喜欢这类游戏了,所以在她过 3 岁生日的时候,我们送给她一个带拉链的靠垫套,这样她就可以尽情地把玩具放进去了!

劳拉(2 岁 1 个月)正躲在窗帘中间,她用窗帘遮住脸等待着。她的爸爸问:"劳拉去哪了?"劳拉听到后"咯咯"地笑了,她拉开窗帘,让爸爸能够看到她。爸爸故作惊讶地说:"原来你在这儿啊,劳拉!"劳拉和爸爸一遍又一遍地玩这个游戏,两人都哈哈大笑着。最后,爸爸把劳拉抱到膝盖上挠她的痒痒。

内尔什（1岁8个月）发现了一大块镂空花布，并开心地躲在下面。他的小伙伴朱莉娅（1岁4个月）喜欢把镂空花布从他的头上拽下来，然后内尔什再把它盖在自己的头上。他们一遍又一遍地重复这个过程，开心地笑着。他们还交换着玩这个游戏。内尔什说："我看到你了！"之后，他们互换角色，由朱莉娅躲在镂空花布下面，内尔什把花布从她的头上拽下来。

❀ ❀ ❀

海登（4岁5个月）正在户外玩海盗游戏。他把海盗旗放在海盗船的甲板（攀爬平台）上，然后爬下船说："我需要珠宝！"他在户外游戏区寻找"珠宝"（鹅卵石），之后爬回船上，把他收集来的"珠宝"放到海盗旗上。他小心翼翼地用鹅卵石盖住海盗旗上的头骨和交叉的骨头，说："我需要更多的珠宝！"然后，他再次从船上爬了下来。这一次，他来到游戏区下面的灌木丛里捡树叶。他把树叶带回船上，小心翼翼地放在海盗旗上说："把它全盖起来，我的伙计们！"

❀ ❀ ❀

凯茜（14个月）爬进海洋球池，试图用海洋球覆盖自己。她用双手把海洋球划向自己的头部和身体，高兴地哈哈大笑。

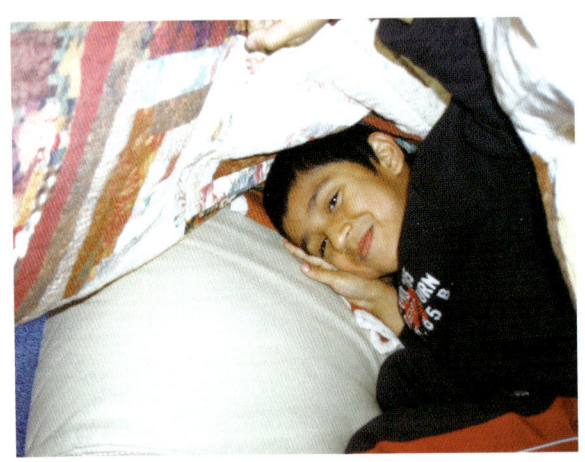

吉范（4岁2个月）在沙发上用一个沙发罩和一些垫子做了一个小窝，然后他爬到小窝里面说："我是一只熊，正躲在我的秘密洞穴里。没有人知道我在哪里，因为他们看不见我。"

当儿童一遍又一遍地把自己或者物品盖住或围住时，我们就可以确认这是包裹图式。

我们可以看到儿童：

- 画一幅画，然后在上面涂上一层颜料；
- 在整张纸上涂画，从一边涂到另一边；
- 将颜料或胶水涂满自己的整只手或手背；
- 穿了很多层衣服、披着斗篷或穿着纱丽；
- 戴了很多顶帽子；

- 用纸或布把玩具或其他物品包起来；
- 热衷于把东西放进信封；
- 反复包装礼物；
- 用物品或窗帘把自己藏起来或者遮挡起来；
- 洗澡时用浴巾遮住脸；
- 玩躲猫猫或捉迷藏游戏；
- 藏在箱子里、桌布下面、窗帘后面或被子下面；
- 对小窝和隧道表现出特别的兴趣；
- 把自己或物品埋进沙子里。

为什么——解读包裹图式

劳拉真的很喜欢和爸爸玩这个游戏。当爸爸问"劳拉去哪儿了"时，劳拉一直在思考自己躲在窗帘后面，爸爸是否还能看到她。她正在巩固对客体永久性的理解，知道即使看不见物体，物体也是存在的。对客体永久性的认识，儿童在七八个月的时候就开始发展了，虽然直到两岁的时候才能够完全理解。这个游戏的轮流特征，也有利于儿童对话能力的发展，因为对话需要儿童具有轮流的能力。

内尔什与他的小伙伴朱莉娅也在玩类似的游戏，他把镂空花布盖在自己的头上，等着朱莉娅把它拽下来。他反复这样做，他们俩都喜欢这个游戏中把自己的头盖起来的那部分。他们正在探索隐藏和看不见的概念。内尔什惊奇地喊"我看到你了"，他很惊讶自己能透过镂空花布看见东西。这说明，他正在探索透明的概念，并将其与不同的材料联系起来。这种躲猫猫的游戏也有助于强化儿童对因果关系的理解，允许他们轮流活动，进而学习对话的艺术。

凯茜正在积极地进行身体活动，她在海洋球池里划动手臂把球划到自己的身体上。她正在发展大肌肉动作技能，也在探索球的运动。她试图用球把自己覆盖起来，这表明她对包裹图式的兴趣；这一行为也与轨迹图式有关，因为她喜欢这一游戏的运动特点。

海登扮演的角色是收集"珠宝"（石头和树叶）来覆盖海盗旗的海盗。很明显，他想用"珠宝"把海盗旗覆盖起来，他说的话——"把它全盖起来，我的伙计们"——帮我们确认了一点。这个游戏也与定位图式有关，因为海登非常明确地知道要把鹅卵石放在哪里——他小心翼翼地将"珠宝"盖在交叉的骨头上面。

同样，吉范的话"告诉"了我们他正在做什么。很明显，他把自己藏起来了，正在探索隐藏自己和谁能看见他或看不见他。他也表现出了对熊和洞穴的兴趣，我们可以利用这一点支持和拓展他的游戏。

下一步做什么——拓展包裹图式

我们可以通过多种方式支持和拓展儿童对包裹图式的兴趣。劳拉可能喜欢和爸爸在屋子里玩捉迷藏游戏，躲在桌布下面，或者搭建一个围合的空间玩游戏。她也可能喜欢玩"猜一猜"游戏，即她和爸爸轮流藏一个玩具，然后猜一猜哪个玩具被藏起来了。

我们可以为内尔什和朱莉娅提供大量的用来覆盖他们自己或者建造小窝的不同材料，以此拓展他们的游戏。他们可能喜欢用夹子把床单夹在晾衣架上做一个小窝，或者在帐篷里玩游戏。另外，他们也可能想把容器填满，然后找一些材料当盖子盖在容器上。

凯茜喜欢在海洋球池里玩，因此我们可以带她到室内游乐场或更大的海洋球池里玩。她也可能喜欢在沙滩上探索沙子或鹅卵石。她可以划动手臂将鹅卵石或沙子推起来，探索由此带来的新的感官体验。

我们可以在沙盘里埋一些"珠宝"让海登去寻找，这有可能引发他的兴趣，拓展有关海盗、海盗船和包裹图式的游戏。他也可能想把一些金币用大树叶包好，然后用绳子捆扎起来，或者制作一些藏宝图，放到信封里送给他的朋友。

吉范可能喜欢探究动物是如何躲避捕食者的。他也可能喜欢读关于熊的故事，如《我们要去捉狗熊》[1]《你睡不着吗》[2]，然后建造一个自己的洞穴躲进去。

当我们发现儿童的包裹图式行为时，我们可以通过提供更多的活动或资源来支持和拓展他们的思维。

以下建议可供参考：

- 提供帐篷和建造小窝的材料；
- 提供大块布料或者旧的枕套和靠垫套；
- 提供可以爬进去的大箱子；
- 提供包装纸和包装活动；
- 提供绘画或书写用的材料，以及不同形状和尺寸的信封；
- 参观邮局，并在角色扮演区创建一个邮局；
- 提供不同类型的材料来包裹玩具和物品，如毛皮、缎子、网等；
- 提供玩具邮箱、形状配对器和套杯；
- 提供带盖的盒子或可以用来覆盖篮子和锅的材料；
- 鼓励儿童给玩具或石头涂色；
- 提供折纸的机会；
- 通过刮掉画上的一层颜料来创作一幅刮画；
- 确保角色扮演区有帽子、围巾和斗篷；
- 提供绷带和布来包裹身体的某个部位；
- 提供小衣服或毯子来包裹玩具娃娃；
- 允许儿童将自己或物品埋在沙坑或沙滩里；
- 玩传递包裹游戏；
- 提供现成的手偶或用袜子制作的手偶，便于儿童把手伸进去；
- 玩捉迷藏或猜谜游戏，比如"谁不见了"（把某个儿童藏起来，让其他儿童猜谁被藏起来了）或"少了什么"（把托盘里的某个东西藏起来，然后猜猜什么少了）；

---

[1] 该书的简体中文版由河北教育出版社于 2020 年出版。——译者注
[2] 该书的简体中文版由明天出版社于 2016 年出版。——译者注

- 玩彩虹伞游戏，比如，躲在彩虹伞下面，或者把彩虹伞当作帐篷；
- 开展烹饪活动，包括把食物包起来或者在食物上涂抹，如卷饼、馅饼或在吐司或比萨上涂黄油等；
- 使用"满的""空的""里面""外面""在下面""上方""掩盖""躲藏""消失""透明""伪装""可见""不可见""打开""包裹""覆盖""封住"等词汇。

 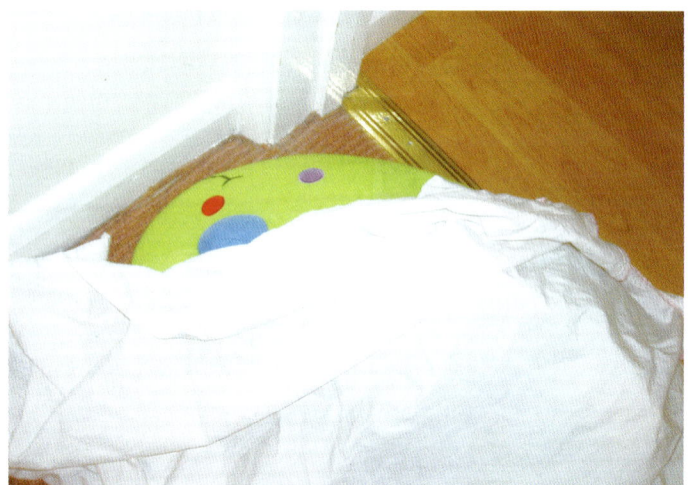

与其他图式的关联

因为儿童对把自己和物品包裹起来非常着迷，因此包裹图式与围合图式以及装填图式紧密相关。劳拉喜欢把自己塞进箱子，这种行为也是围合图式行为。内尔什和朱莉娅喜欢把容器装满或清空，用盖子或其他材料盖住容器，这与装填图式紧密相关。

凯茜正在海洋球池中探索球的运动，这个行为可以被归类为轨迹图式。因此，我们很难确定她玩海洋球的真正动机。我们只能更深入地观察她的活动，为她提供拓展游戏的机会，注意她在活动中的反应，并相应地调整我们的计划。海登小心地把石头摆放、覆盖在海盗旗上，这表明包裹图式与定位图式有关。尽管他的语言帮助我们了解了他想要达成的目标，但是我们仍然可以为他提供更多的机会来拓展他对定位图式的兴趣。

第 8 章

穿过边界图式

> **本章目标**
>
> 本章将分享一些儿童的穿过边界图式行为,比如,对门和窗户着迷,或者喜欢在一个空间中把东西搬进搬出。本章也将阐述观察哪些行为、如何解读这些行为以及如何从活动和资源方面拓展这类行为。

是什么——观察穿过边界图式

我们常常在不经意间穿过边界。每次穿过门口或寄信时,我们就在穿过边界。有些儿童对这种行为很着迷,渴望探索某个物体或他们自己穿过一个边界然后出现在另一端的情况。

杰克(3岁8个月)正在玩一个帐篷的门。他打开门又关上,把他的头一次又一次地探进探出。他先说"打开,关上,打开,关上",接着说"进来,出去,进来,出去"。当他的哥哥说"摇一摇"时,他很生气地说:"不!进来,出去,进来,出去!"

莫莉（2岁5个月）和妈妈一起去购物中心购物，她想反复地穿过购物中心入口处的自动门。在穿过了三四次后，妈妈带她离开。之后，当她们购物完毕再次穿过自动门时，莫莉依然想探索。如果不是妈妈要匆匆带她回家喝下午茶，她还想继续探究更长的时间。

当乔治娅（2岁11个月）来到游乐场时，她对隧道特别感兴趣，花了很长时间不停地从隧道一头爬过去，然后绕着隧道跑回来，再爬过去。后来，她尝试调换方向，从隧道的另一头爬过来。

❀ ❀ ❀

内尔什（1岁3个月）正在探索形状配对器，他试着把每一个形状都穿过小孔放进去。当他成功地将一个形状插入与之匹配的小孔后，形状配对器上的灯亮了起来并播放了一段音乐。内尔什将手伸进那个小孔里，然后拿起形状配对器，脸贴在上面往里看。他的老师见状问："它去哪儿了，内尔什？"这样的玩法不断地重复着，直到内尔什把所有的形状都放了进去。

第8章 穿过边界图式

❋ ❋ ❋

尼克扎德（3岁7个月）喜欢玩木头火车玩具。他先搭了一个轨道，然后将注意力聚焦在桥梁和隧道上。尼克扎德用手推着火车穿过隧道，然后推回来，反复地推来推去。他的老师已经注意到，他对火车如何通过隧道特别感兴趣，于是提供了一些大小不同的隧道供他探索。尼克扎德还花时间在户外的空间里来回穿梭，假装自己是他最喜欢的火车"托马斯"正在穿过隧道！

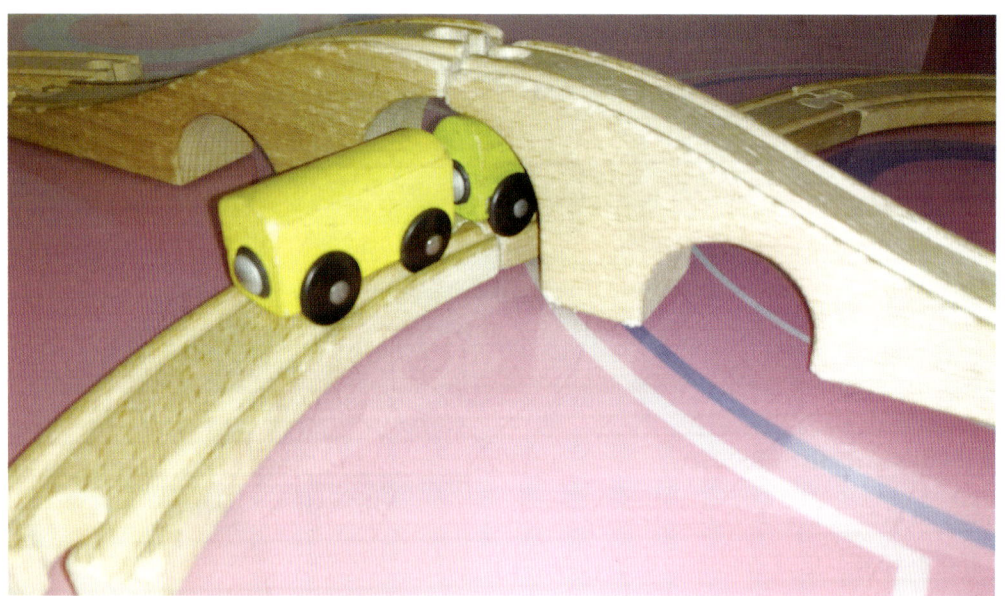

当儿童热衷于"让自己、材料或物体穿过某一边界并出现在另一端"时，我们通常可以观察到穿过边界的图式行为。

我们可以看到儿童：

- 爬过隧道；
- 移动火车或汽车玩具穿过隧道和桥梁；
- 从事穿线类活动；
- 让玩具车撞到墙上；
- 用漏斗、水轮和筛子玩沙水游戏，观察水或沙子从中穿过；
- 将线或绳打结；

- 玩打弹珠游戏；
- 对进出门口或其他有边界的空间感兴趣；
- 将物品塞进洞里或推到洞里；
- 将环状玩具套在柱子上。

为什么——解读穿过边界图式

　　对这种图式感兴趣的儿童，可能着迷于这种图式中的移动方式——下面、上面、进来、出去。杰克正在探索这种图式。他不停地把头从帐篷里探进探出，探索帐篷的门是怎么开的、怎么关的。他正在思考进进出出，以及从里面和从外面看，他的世界是什么样子的。当他的哥哥打断他的游戏时，他很生气，但仍坚持玩进进出出的游戏。在探索这个概念的过程中，他发展了对开始和结束、容积和容量的理解。

　　莫莉对能自动开关的门很着迷，我们可以把这理解为她对"魔法门"的自动化很感兴趣。然而，她没有花很长时间观察门的开和关，而是被进出自动门吸引了，这表明她更感兴趣的事情是穿过边界。

　　乔治娅正在探索爬隧道。她研究如何穿过一个封闭的空间，在这个空间里是什么样的感觉，以及穿过这个空间出现在另一端是什么感觉。她正在思考："如果我改变方向，会发生什么？如果我从另一端爬过去，感觉还会一样吗？"留意乔治娅是否喜欢把自己围在一个空间里，也是很有意思的事情。

　　内尔什正在把各种形状插入形状配对器中，他似乎对小孔的边界很着迷。他仔细地观察小孔，把手伸到小孔里，可能是在探索玩具去了哪里，或者音乐是如何播放的。他朝形状配对器的里面看，这一行为表明他在探索"里面"，也表明了他对装填图式的兴趣。他的老师发现了这一点，问他那些形状各异的玩具去了哪里。

　　尼克扎德对火车穿过隧道和管道特别感兴趣。他正在对长度和宽度进行批判性的思考："这列火车能通过这条隧道吗？这条隧道的长度能够容纳整列火车吗？我的手和胳膊能伸进去推着火车穿过隧道吗？"

下一步做什么——拓展穿过边界图式

当儿童探索这种图式时,观察他们是否对门、窗特别感兴趣是很重要的,因为其中存在着潜在的安全问题。成人需要保持警惕,如果观察到儿童对穿过门或窗很感兴趣,那么就必须与儿童及其家长讨论如何支持这种图式,同时保证儿童的安全。有些事情是没有商量的余地的,我们需要让儿童知道,我们必须遵守保证他们安全的基本准则。

通过提供可以用来建造洞穴或者小窝的材料,我们可以为杰克提供进一步探索空间里面和外面的机会。杰克可能会把容器装满或清空,借此思考"里面"的概念,也可能把自己或玩具放"进"其他空间。

对莫莉来说,她真正着迷的是穿过那扇自动门,所以可以为莫莉提供小小世界的游戏,让她有机会打开和关上门并移动玩具进出。比如,她可能喜欢探索娃娃家的大门。如果她的兴趣仅仅是自己进出那道门,我们就要为她提供安全地玩这个游戏的机会。在家庭环境中,儿童通常会有很多机会进出门口,我们可以以此为契机帮助她学习如何保护自己的安全。我们可以让她选择她想一次次穿过哪道门,同时强调不可以在通向外面的大门那里玩。

为了支持和拓展乔治娅对隧道的探索,可以为她提供在弹出式儿童爬行隧道中游戏的机会,或者看看她是否对弹弹珠或让球在排水管中滚动感兴趣。内尔什可能希望使用不同的材料进一步探究"穿过边界"的概念。他可能对把东西或圆环套在柱子上感兴趣,因为它们需要"穿过边界"。尼克扎德的老师已经发现了他的图式行为,并为他提供了大小不同的隧道来拓展他的思维。

当我们发现了儿童的穿过边界图式行为时,我们需要提供更多的资源或活动来进一步支持和拓展他们的思维。

以下建议可供参考:

- 为儿童提供钻爬隧道的机会;
- 鼓励儿童进出空间,并提供建造洞穴或小窝的材料;

- 鼓励儿童使用建构材料建造桥梁和空间，以便他们移动玩具进出或者穿过；
- 提供硬纸筒或排水管，以丰富小小世界的游戏，特别是火车轨道；
- 允许儿童在不同的环境中探索"进"和"出"，并使用方位词支持他们的游戏；
- 提供穿线和编织的机会；
- 为儿童计划缝纫活动，并提供钝的十字绣针或塑料针。同时，可以购买带小孔的模板，使缝合更容易。探索这种图式的儿童，通常会特别喜欢穿针引线的活动；
- 提供毛线、丝带和长条材料，便于儿童将它们穿过围栏进行编织；
- 提供不同的投递机会，比如，在纸筒或鞋盒的顶部开一个口子做"邮筒"；
- 带儿童把信投到真正的邮筒里；

第8章 穿过边界图式

- 提供短绳和粗绳给儿童打结；
- 提供把圆环套在柱子上的机会；
- 玩沙水游戏，同时提供可以让沙水穿过的工具，如水轮、漏斗、筛子等；
- 提供压蒜器和挤压机，与面团一起使用；
- 为躲猫猫游戏提供材料，或者允许儿童躲在窗帘后面；
- 提供一条弹珠轨道；
- 允许儿童开关门，同时确保他们的安全；
- 带儿童去购物中心或类似的地方，让他们有机会穿过不同类型的门，包括自动门；

- 提供娃娃家或带门窗的其他材料，便于儿童开关门和把物体移进移出；
- 鼓励儿童沿着有隧道、门廊、拱门或大门的路线走一圈；
- 制作或购买可以让儿童穿行而过的门帘，比如，由珠子或者鲜花穿成的门帘；
- 提供形状配对器和材料，鼓励儿童把材料插进去；
- 使用"里面""外面""在……之间""隧道""下面""上面""顶上""底下""穿过""门口""窗户""打开""拱门""桥"和"洞"等词汇来支持这一图式。

与其他图式的关联

对穿过边界图式感兴趣的儿童，通常也会对围合和包裹图式感兴趣。他们可能想要进出某一空间，把自己藏起来，玩躲猫猫之类的游戏。比如，杰克正利用帐篷的门玩这类游戏。当儿童把物品投入邮筒或放入形状配对器中时，这说明他们也对装填图式感兴趣。比如，内尔什对邮筒和将圆环套到柱子上表现出浓厚兴趣。对穿过边界图式着迷的儿童，也可能对物品的位置（定位图式）或方向（定向图式）感兴趣。比如，乔治娅在钻爬隧道时改变了方向，这就意味着穿过边界图式与定向图式或者定位图式相关。

第 9 章

定 向 图 式

> **本章目标**
>
> 本章将分享一些儿童的定向图式行为，这些儿童喜欢从不同的角度观察物体，比如：从两腿间的空隙看，四脚朝天躺着看，头朝下躺在沙发上看。本章也将阐述观察哪些行为、如何解读这些行为以及如何从活动和资源方面拓展这类行为。

是什么——观察定向图式

移动对婴幼儿至关重要。最初，婴儿只能被抱着或躺着看世界。一旦婴儿的动作发展得灵活了，他们就能够翻身、爬行并最终站立起来，从不同的视角看周围的世界。随着生长发育，儿童会发现从不同的角度和位置看到的物体是不同的。正是在发现了移动带来的这种效果后，儿童的定向图式开始出现。

约翰尼（18个月）和哥哥德克斯特（2岁6个月）经常被看到在地上倒立。他们会弯下腰通过双腿间的空隙看电视，德克斯特有时还会倒挂在攀爬架上。他们都喜欢从不同的视角看世界。

萨莉（4岁2个月）把大海螺壳举到自己眼前，然后把头歪向一边，仔细地看了看大海螺壳，之后又把头歪向另一边。她小心地把海螺壳翻过来，把它举过头顶，然后向后仰着看海螺壳的下面。她说："我往上看时，能看到那个洞。但是我往下看时，它就不见了。"过了一两分钟，萨莉坐下来，双手捧着海螺壳低头看着它，持续研究了好几分钟。

海登（3岁5个月）对透过不同的镜片看物体很感兴趣，他经常用放大镜探索周围的物体和世界。

❀ ❀ ❀

萨米（3岁2个月）喜欢从不同的高度探索世界。在公园里，她总爱爬到攀登架的顶端，也经常躺在地上或滑梯上。她的老师注意到，在幼儿园的时候，她经常站在户外活动区的树桩上，躺在图书角的地毯上，对物体离她有多远特别感兴趣。她的父母说，她经常要求骑在爸爸的肩膀上，反复吟唱道："我是城堡的女王……"

朱丽叶（5岁2个月）正处于喜欢拿着双筒望远镜到处看的阶段。她对物体的外观和大小变化尤其感兴趣，也特别喜欢视觉线索、图片和照片。有一次，朱丽叶把双筒望远镜反过来，发现能看到更远的东西。她经常使用诸如"看""看见""大"和"更大"之类的词汇。

当儿童喜欢从不同的角度看物体时，我们就能观察到定向图式，以上案例说明了这一点。

我们可以看到儿童：

- 在不同的位置或将身体摆成不同的姿势看世界；
- 被不同的高度或视角吸引；
- 躺在地板或其他物体的表面；
- 倒挂在攀爬架上；
- 通过双腿间的空隙看世界；
- 扭动身体；
- 经常在自由游戏时间荡秋千；
- 摆弄物体，以便从不同的角度观察它们；
- 建造斜坡和台阶，以便站在更高的角度看东西；
- 只要有可能就向高处爬；
- 透过小洞张望或通过缝隙窥探；
- 反复使用放大镜、双筒望远镜、万花筒等。

当儿童研究和探索物体时，或者当他们进行运动游戏时，我们最有可能在他们身上观察到定向图式。

为什么——解读定向图式

对一些儿童而言，有一种强烈的内驱力促使他们倒挂在攀爬架上，头朝下脚朝上地躺在沙发上，或者弯腰从双腿间张望。这种行为可能会让成人感到困惑不解，他们通常要求儿童坐好。然而，对年幼的儿童来说，这种行为很好玩、很有趣。他们正在探索世界，努力理解他们所看到的景象。"海螺从各个角度看都一样吗？""当我倒挂时，整个世界也颠倒了吗？"儿童正在探索自己的想法，而伴随着探索，他们的理论要么得到验证，要么受到挑战。

约翰尼和德克斯特发现，当他们从双腿间看世界时，世界并不是上下颠倒的。他们的思维受到了挑战。他们正在探索这一概念，并通过行动理解上下颠倒的含义。

萨莉正在仔细地研究海螺壳，她发现从不同的角度看它确实是不一样的。她注意到海螺壳上的复杂图案，同时发现，与海螺壳底部光滑的表面相比，海螺壳顶部的颜色和纹理有着微妙的变化。吸收这个新信息的过程，就是皮亚杰所说的同化。之后，萨莉将运用她正在习得的新信息调整她之前对海螺壳的看法，即皮亚杰所说的顺应。

海登喜欢透过不同的镜片看物体有何不同。他从自己的视角勾勒了一幅世界的图像。每一次透过一个不同的镜片看世界时，他都会为自己的理解增添更多的细节。他通过探索这种图式来建构知识，用克里斯·阿西的话说，他正在建构"思维方式"和发展概念。换句话说，他正在探索并努力理解这个世界。

萨米正在兴致勃勃地探索从不同的高度看世界。她通过攀爬探索了高度与深度的概念，也探索了距离、远近等概念。通过躺在不同的地方，她注意到从不同的角度观察到的世界是怎样的。

朱丽叶和海登一样，也喜欢透过镜片看世界。她对用双筒望远镜观看各种物体很着迷，这一点可以从她的语言中看出来。她用"大"和"更大"来描述她通过双筒望远镜看到的景象是如何变化的。关注儿童的语言和动作，将有助于我们进一步理解他们的图式行为。

下一步做什么——拓展定向图式

我们可以通过多种方式拓展儿童对定向图式的兴趣。比如，约翰尼和德克斯特可能喜欢在室内游乐场玩，他们可以钻隧道、从桥底下爬过去、爬过障碍物等。萨莉可能喜欢用放大镜仔细地观察海螺壳，而海登可能希望有更多的机会透过彩色镜片和双筒望远镜来观察世界。

我们可以拓展萨米对高度的探索，增加透视的概念。比如，可以带她去山上散步，看看远处的东西，如田野上的羊，指出它们看起来更小了。这是朱丽叶用双筒望远镜的另一端看东西时所注意到的现象。因此，可以通过问与距离有关的问题来拓展朱丽叶的思维，比如，"当你透过双筒望远镜看时，注意到了什么？""当你把双筒望远镜反过来看时，发生了什么？"

当我们在儿童身上看到定向图式时，我们应该提供更多的资源或计划一个活动来支持和拓展儿童的思维。

以下建议可供参考：

- 邀请儿童玩把身体移到不同的位置或者摇摆和扭转身体的游戏；
- 给儿童提供爬到或悬挂在攀爬架上的机会，同时要牢记安全问题；
- 在户外提供小木马或摇摆类玩具，供儿童坐在上面；
- 允许儿童爬到桌子和滑梯下面进行探索；
- 提供可以攀爬的设施，便于儿童从不同的高度看物体；
- 提供放大镜、双筒望远镜、彩色镜片等；
- 提供可手持或固定在墙上的镜子，便于儿童从不同的角度看自己；
- 在一些材料或木头上钻洞，便于儿童通过小洞看世界；
- 用硬纸管制作"针孔摄像机"或在盒子上挖可以窥视的小洞；

- 用纸管制作双筒望远镜和万花筒等；
- 在室内游乐场玩，这样儿童就有机会滚动、攀爬，从不同的角度看世界；
- 提供 3D[1] 眼镜或用红蓝透明玻璃糖纸自制 3D 眼镜，并提供 3D 图片供儿童探索；
- 提供垫子和表面柔软的设施，便于儿童在上面倒立或躺在上面；
- 提供绳子、轮胎式秋千或者传统秋千，便于儿童在荡秋千的同时观察世界；
- 教儿童一些瑜伽动作；
- 为儿童提供机会操作钟摆或观察"牛顿摆"[2]；
- 用薄纸或彩色胶片遮住窗户，便于儿童通过窗户看外面；
- 制作一个感官盒，里面悬挂一些物品，同时盒子上有小孔，儿童可以通过小孔猜测里面的物品是什么；
- 使用一些词汇来支持这种图式，如"通过……看""扭动""向前""向后""旋转""在下面""在上面""倒立"等。

---

[1] 3-dimension 的简称，中文即"三维"，表示"上下""左右""前后"三个维度空间。——译者注

[2] 牛顿摆，是由法国物理学家伊丹·马略特（Edme Mariotte）于 1676 年发明的桌面演示装置。——译者注

与其他图式的关联

对定向图式感兴趣的儿童，通常也会对定位图式和旋转图式感兴趣或着迷。他们可能会把从不同的角度观察世界，与物体的位置及如何移动联系起来。比如，海登把物体有规律地排列起来，并且特别注意物体的位置。约翰尼对转圈特别感兴趣，他和德克斯特都喜欢从山上滚下来，这一行为展现了他们的旋转图式。此外，萨莉通常会仔细地把物品分类，让它们一个挨着一个，这种行为可以被理解为定位图式。在第8章，我们看到了乔治娅在穿过隧道时改变了方向，这说明她对定向图式和穿过边界图式都很感兴趣。

第 10 章

定位图式

本章目标

本章将分享儿童的定位图式行为,比如,儿童对物品在哪个位置很感兴趣,或者喜欢把物体摆成一排、一行,或按照大小摆放。本章也将从活动和资源方面阐述如何拓展这类行为。

是什么——观察定位图式

你是否有这样的经历:去咖啡店喝咖啡的时候,完全被没有水平悬挂的相框分散了注意力?在别人把碗碟堆放在洗碗机里之后,你又重新把它们摆放好?物品的摆放位置有时非常重要。有些儿童会把玩具摆成一列,或者把物品放在特定的地方——如果有谁去碰它们,他们就会大发雷霆。定位图式是指儿童把自己或物品放在特定的位置,并对物品在哪里感兴趣。

莉迪娅(2岁10个月)翻遍箱子里的动物玩具,找出了所有的大象,然后把它们并排放在一起。莉迪娅对把物体摆成一条直线特别感兴趣,她花了很长时间把每头大象都摆放到位。她似乎清楚地知道,要把每头大象放在哪里。她摆好后对她的照护者说:"这是大象爸爸,这是小象,这是小象姐姐,这是小象弟弟,这是大象妈妈,这是大象阿姨!"

尤安(2岁10个月)对食物非常挑剔,他最近开始全天入托。有一天午饭时间,看到要吃意大利肉酱面,他非常不高兴,哭了起来,拒绝吃面,尽管他妈妈告诉老师他喜欢吃意大利肉酱面。尤安反复地说:"不在上面,不在上面!"老师想了想,于是先把一些肉酱盛在碗里递给他,他吃了。然后,老师又给了他一些意大利面,他也吃了。老师意识到,尤安不想把意大利面和肉酱混在一起吃。

上午自由活动时间,卡洛斯(3岁4个月)在地垫上操作小汽车玩具,把小汽车玩具并排摆好。老师问他是否愿意为小汽车建造一个车库,他同意了。于是,他们找到一个旧鞋盒,老师帮他在鞋盒里画了一些线条以标记出停车位。然后,老师在车库后面的墙上画了一个蓝色的圆圈,并在里面写了一个大大的P。卡洛斯立即使用了这个车库,在每个停车位上都摆放了汽车。

❀ ❀ ❀

凯特琳（15个月）在13个月大的时候学会了走路，自此之后，她就开始非常自信地探索新的空间。她特别喜欢躺在地板上，蹲在桌椅下，以及探索不同的位置。

第10章 定位图式

❀ ❀ ❀

简（3岁5个月）在玩具盒里翻找，收集了满满一把玩具，把它们堆放在地板上。然后，她开始把它们摆成一行。她先从蓝色的玩具开始，然后是红色的玩具，接着是棕色的玩具。简花了很长时间摆放这些玩具，然后告诉妹妹不要碰它们。她说，这是一列长长的火车。

定位图式经常出现在儿童把物体摆成一行或以某种方式"安置"自己的时候。我们可以看到儿童：

- 把玩具摆成一排；
- 按照大小、颜色或形状摆放物体或玩具；
- 把玩具分成妈妈、爸爸和宝宝；
- 把玩具或其他物品放在特定的地方，并对物品的摆放位置非常关注；
- 喜欢把食物分装在盘子里；
- 总是想坐在某个特定的地方；
- 总想站在队伍的前面或后面；
- 经常把东西戴在头上；

- 沿着沙坑或游戏区的边缘走；
- 躺在地板上或桌子下面；
- 让自己的身体处于不同的位置。

为什么——解读定位图式

有时，成人可能担心儿童的某些定位行为预示着一些其他的问题，比如孤独症谱系障碍（Autistic Spectrum Disorder，ASD），然而事实并非如此。不喜欢把食物放在一起或把玩具摆成一排，是幼儿的普遍行为，它本身不应该引起成人的担心。为了对某个儿童的需求有更清晰的了解，我们需要观察这个儿童在不同情境中的表现。比如，如果我们发现某个儿童在语言方面存在问题，很难与他人进行沟通，很难理解他人和被他人理解，很难与同龄人相处，或表现出感知觉方面的障碍，那么我们就需要进一步调查，并与心理咨询人员或者特殊教育专业人员分享我们的观察。

莉迪娅把大象玩具从动物玩具盒里挑出来分类摆好。她没有像其他儿童那样让大象走路或交谈，而是小心翼翼地把每头大象放在一个特定的地方，并给它们起了名字。这说明，她正在探索对家庭的理解，并发展分类和排序的数学概念。她正在进行批判性思考并学习组织技能，比如，计划把每头大象放在哪里。这些技能将发展成为她日常生活中所需的技能，比如，安排工作日程和进行时间管理。

尤安不希望把各种食物放在一起。很多儿童都会经历这个阶段，比如，他们喜欢海绵蛋糕和奶油冻，但不喜欢把奶油冻涂抹在海绵蛋糕上。尤安的老师注意到了他的这种行为，把意大利面和肉酱放在不同的碗里。留意一下，尤安是否也特别在意其他的事情，比如他的座位。有时，儿童对事物是否按照"正确的"方式呈现或者进行有一种强烈的感受，比如上菜的正确方式或入座的正确位置，这与他们的日常习惯、常规有关。幼儿更喜欢一成不变的常规，他们常常一遍又一遍地选择用同样的方式做事。因为这让他们拥有一种安全感，他们会知道将要发生什么以及如何发生。对尤安而言，老师提供的"错误的"食物让他很不安，因为他不知道那是什么以及尝起来是什么味道的。当这两种事物单独呈现时，尤安能认出它们，但是把它们合在一起时，尤安就觉得有些陌生了。要允许像尤安这样的儿童把食物分开来吃，这也避免了儿童在吃饭时间产生焦虑情绪。

令卡洛斯感兴趣的事情是把小汽车摆成一排，而不是在垫子上开小汽车。对于把小汽车放在哪里，他目的明确且有条不紊。每辆小汽车都要有自己的停车位，所以他在放置小汽车的时候非常注意细节。这种行为体现了围合图式和一一对应—— 一辆汽车对应一个停车位。一一对应的技能对点数物体而言，是一个非常有用的工具。计数物体时，我们需要使用一一对应的方式按物点数，否则我们就不是在精确地计算数量，而只是按照顺序背诵数字。

凯特琳通过身体所在的空间位置来发展空间意识和本体感觉。年幼时，我们会探索自己的身体有多大，它能做什么，以及我们怎么做。随着身体的发育和生长，这种情况会不断地发生变化。凯特琳正在探索这些概念，她尝试把身体挤进不同的空间。"我要把身体摆成怎样的姿势才能爬到椅子下面？我能进去吗？我是一直蹲着，还是需要坐下来？"凯特琳正在通过这些探索来挑战自己的身体，同时发展大肌肉运动技能、平衡能力和协调能力。

简把盒子里混在一起的玩具摆放得井井有条。她把颜色作为摆放依据，在不同的物品之间建立联系，积极地探寻意义。简注意到了每一个物品的细节，全神贯注、积极投入、动力满满地玩这个由她自己发起的游戏。她也特别保护自己的成果，不希望妹妹碰它，因为她拥有这个作品的所有权。

下一步做什么——拓展定位图式

莉迪娅对定位图式的浓厚兴趣，意味着她可能希望有机会摆弄和放置其他玩具。她也可能希望按大小排列玩具。我们还可以创建一个小小世界或娃娃家的场景，让她把大象玩具放进去。

针对尤安，我们可以通过鼓励他尝试吃混合在一起的食物，拓展他对食物混合的思考。我们可以邀请他参与食物的准备和烹饪过程，这样他就可以看到每一种食物是如何被制作出来的。他需要机会去澄清自己对意大利面的理解——"如果和通心粉混合，它还是意大利面吗？""如果把它放在酱汁里，它还是意大利面吗？""如果上面撒了芝士，它还是意大利面吗？"随着时间的推移，通过对食物的进一步探究，尤安开始意识到"意大利面还是意大利面"。尽管他可能仍然不喜欢把食物混在一起吃，但是他将不再感到不适或焦虑，因为混合的食物对他来说已渐趋日常，不再陌生。

卡洛斯的老师注意到了他的定位图式，并通过提议一起建造一个车库拓展他的兴趣。这为卡洛斯提供了另外一种方式来摆放小汽车——每次在一个车位上摆放一辆车。我们可以在他已有兴趣的基础上，鼓励他在室外为自行车建造停车位，在更大的范围重复室内的游戏。

我们可以为凯特琳提供在围合的空间玩耍的机会，如盒子、帐篷等，从而支持和拓展她对空间和身体定位的探索。我们还可以通过提问鼓励她思考空间，比如，"那里可以容纳你吗？"考虑到她的年龄特点和所处的发展阶段，我们的问题不仅要具体，还要与她所看到的和感受到的周围事物联系到一起。

简可能希望按照颜色对其他物品进行分类、排序。我们可以挑战她的思维，邀请她谈谈她摆放好的物体，或者邀请她解释她是如何操作的。对儿童来说，解释他们做了什么以及为什么这样做，是很有挑战性的，因为这需要更高水平的思维能力、分析能力以及解释和归因能力。

当我们在儿童身上发现了定位图式时，可以采用以下方式拓展它：

- 鼓励儿童布置餐桌，并按照餐桌上的图示摆放刀、叉、勺子、盘子和杯子；
- 在不同的地方提供不同高度的轮胎、板条箱和盒子，便于儿童攀爬和移动；
- 允许儿童在鞋盒里创设场景，玩小小世界的游戏；
- 确保提供充足的材料，以便儿童能以不同的方式分类；
- 鼓励儿童给熟悉的故事情节排序，如《姜饼人》（Gingerbread Man）、《一只蝴蝶的生命周期》（The Life Cycle of a Butterfly）等；
- 用马赛克、拼贴画、钉板和珠子制作图案；

- 给儿童提供一组物品，如熊爸爸玩具、熊妈妈玩具和熊宝宝玩具；
- 提供适合分类活动的玩具和资源；
- 鼓励儿童制作毛毛虫和搭建火车；
- 在夹子、托盘和桌子上贴上儿童的名字，这样儿童就可以坐在同一个位置；

- 提供一系列玩具等资源，便于儿童将它们放在不同的位置；
- 使用与尺寸和位置相关的词汇，如"靠近""后面""上面""下面""前面""边缘""旁边""第一""第二""第三""大""更大""最大""小""更小""最小"等。

与其他图式的关联

定位图式与定向图式紧密相连。当儿童探索可以把物体或者自己放在哪里时，他们通常也会从不同的角度看世界。比如，凯特琳对蹲在桌椅下很感兴趣，也可能对从椅子下面看世界同样感兴趣。当她爬进狭小的空间并探索周围的世界时，她也可能对围合图式或包裹图式感兴趣。

当儿童通过某种方式对玩具进行分类和排序，并将它们放入不同的容器时，那么定位图式就与装填图式关联起来。当儿童对物体的位置特别感兴趣并将它们连在一起穿过某一边界时，就与连接图式、穿过边界图式关联了起来。

第 11 章

旋 转 图 式

> **本章目标**
>
> 本章将分享一些儿童的旋转图式故事,他们对旋转运动很感兴趣,要么旋转物体,要么自己转圈。本章也将从活动和资源方面阐述如何拓展这类行为。

是什么——观察旋转图式

转圈和旋转运动在我们所处的环境中无处不在,比如:车轮、齿轮、时钟的转动,用擀面杖擀东西,地球在自转的同时绕着太阳公转,等等。有时候,我们会观察到儿童对转圈或旋转运动特别感兴趣和着迷。

汉娜从很小的时候就对洗衣机表现出浓厚的兴趣。当她能独自坐着时,她就会坐在洗衣机前看机器旋转。下面两张照片分别展示了汉娜 8 个月和 17 个月大时观察洗衣机的样子。她被洗衣机迷住了,有时甚至想爬进洗衣机一探究竟。

在一个家庭婚礼上,科拉尔(2岁2个月)注意到一个闪闪发光的球在她的上方旋转。她抬头看着它,并用视线追随球的转动。然后,她注意到舞厅的光影在地板上打转,于是她开始追逐光绕圈跑。之后,科拉尔张开四肢呈"大"字形躺在地板上,开始用腿带动整个身体转圈,同时抬头看着上方依然在旋转的闪闪发光的球。

❀ ❀ ❀

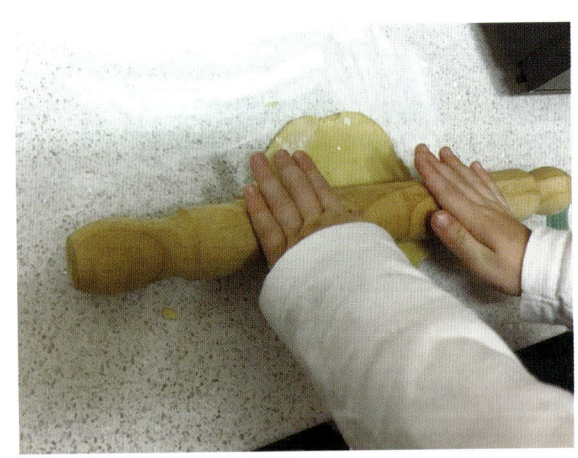

在幼儿园的烹饪活动中,杰克(3岁11个月)正在做饼干,他对擀面产生了兴趣。他的老师向他演示了先用手指将面团压平,然后轻轻地前后滚动擀面杖将面团擀成薄片。杰克非常享受使用擀面杖的过程,希望能反复地操作。他对把面片切割成不同的形状不感兴趣,而是说:"我想再擀一次!"

❀ ❀ ❀

利亚姆（4岁）来到幼儿园时非常兴奋地描述了，他爷爷的车是如何陷在泥里的。"车轮像这样旋转着……"他一边说，一边在空中快速挥动手臂绕着大圈给大家演示。当天放学的时候，利亚姆的老师向他的妈妈询问这件事，他的妈妈说他们之前把车停在了树林附近的一个停车场里，那是一块很小的地方，因为大雨而变得泥泞不堪。当利亚姆的爷爷发动车子打算离开时，轮子开始打转。显然，利亚姆觉得这很刺激，也很喜欢看轮子旋转。整个周末，他都在玩他的玩具卡车和汽车，让它们陷在泥里，车轮打转！

下雨之后，伊桑（4岁8个月）把他的蜘蛛侠雨伞倒放在户外的场地上。然后，他走到室内拿了一个白色的泰迪熊玩具，将它放在伞的中央。之后，他一边转着伞一边说："泰迪熊正骑在旋转木马上！"伊桑旋转泰迪熊的活动持续了很长时间。他注意到，随着伞的转动，位于伞中央的泰迪熊越来越移向伞的边缘。他不断地停下来，把泰迪熊重新放到伞的中央，嘴里还不停地说着"在中间""转啊转"。随后，其他几个儿童也开始模仿伊桑，最后我们的雨伞都被他们拿去玩了！

❀ ❀ ❀

朱丽叶（5岁10个月）在吃了派对小礼包中的一根棒棒糖后，迷上了棒棒糖上的小棍。她发现，这根小棍展开后成为一张扁平的纸。于是，她花了很长时间把纸展开再卷起来。当爸爸下班回家的时候，她急切地向他展示棒棒糖上的小棍不是真正的棍子，因为它可以展开再卷起来。

当儿童对转圈运动和旋转很感兴趣时，我们就可以观察到旋转图式。阿诺德将旋转图式定义为"让自己或者物体旋转、扭动或者滚动"。

你会看到儿童：

- 在旋转木马上不停地旋转；
- 让自己或物体旋转或者转圈；
- 从山坡上滚下来；
- 不停地绕圈跑或骑着自行车兜圈子；

- 对轮子和带轮子的玩具感兴趣；
- 观察旋转的物体，如洗衣机；
- 在绘画作品中画圆形标记；
- 着迷于卡车的大轮子；
- 转动或扭动橱柜或玩具上的旋钮；
- 把罐子和瓶子上的盖子拧开；
- 拨动地球仪，使其转了一圈又一圈；
- 对风车很着迷，花了很长时间看它旋转；
- 看着水顺着排水孔流下来；
- 打开卷纸。

为什么——解读旋转图式

汉娜之所以对洗衣机感兴趣，可能是因为她经常看到妈妈向洗衣机里放衣服和取衣服，也可能是因为洗衣机发出很大的噪声，还可能是因为洗衣机的转动，而她喜欢看它转动。洗衣机旋转的时候会震动，从而给儿童观察洗衣机带来多感官的体验。留意一下，她是否也对其他场景中旋转的东西感兴趣或着迷。

科拉尔注意到舞厅上方旋转的球，以及灯光照到球面在地板上反射出的圆周运动的效果。她运用大肌肉动作技能转动头部追随球，并跟着光影绕圈跑。这对科拉尔来说也是一次多感官的体验，因为她听着音乐，看着灯光，同时移动着身体。她正在发展前庭系统（一个控制平衡和空间方向的系统），并学习在转动头部的同时保持平衡。此外，她也在发展本体感觉，即感受身体与周围空间的关系。

杰克坚持一遍又一遍地擀面团，这表明他对旋转很感兴趣。他喜欢用手移动擀面杖，看着面团在擀面杖的作用下慢慢变平。这也是一个中心和放射线的运动，因为把面团擀平的过程是杰克的双手沿着直线滚动擀面杖的过程。杰克正在运用手眼协调能力和发展控制能力。

利亚姆真的很喜欢看汽车上的轮子旋转。他向老师清晰地描述了轮子是"像这样旋转"的，并挥动胳膊演示轮子旋转的概念。之后，利亚姆在他的游戏中再现了轮子的旋转，表明他真的对旋转很感兴趣。同时，这一游戏有助于发展他的精细动作和大肌肉动作技能。利亚姆还发现了在不同的平面上轮子旋转的不同结果，并开始理解机械系统和动力。

伊桑把雨伞倒过来旋转，进行他的科学研究。当他把泰迪熊放到伞上时，他也在研究离心力。他注意到，当他把泰迪熊放在伞的中央时，随着伞的旋转，泰迪熊开始向伞的边缘移动。旋转雨伞这一行为需要转动手，这对一个4岁的儿童来说是一个相当有挑战性的动作，所以伊桑在他的游戏中引入了一个高水平的挑战。

朱丽叶注意到，棒棒糖上的小棍其实是由一张纸卷起来的。她认真地思考这个问题，并利用她的观察力仔细地观察纸张展开的过程，以便推论出小棍是如何被制成的。她饶有兴趣地探究，并迫不及待地跟爸爸分享她的发现。她必须得有出色的手眼协调能力才能完成这项任务，因为棒棒糖上的小棍非常小，所以这是耗时费事、需要手巧的活儿。

下一步做什么——拓展旋转图式

当儿童探索旋转图式时，他们大多是在解决问题，研究事情为什么会发生，以及世界是如何运转的。我们可以通过与他们一起进行持续共享思维，提出具有挑战性的问题，或对我们的观察所得进行讨论，以支持和拓展他们的思维，还可以提供其他的环境或资源来拓展他们对旋转的思考。比如，汉娜可能也喜欢观看其他东西旋转，如玩抽陀螺游戏，或者使用蔬菜甩水器。

我们可以拓展科拉尔对旋转的兴趣，为她提供机会做转圈运动或者滚动身体。她可能喜欢从山坡上滚下来，或者自己转圈玩。科拉尔也可能希望仔细观察旋转或转动的物体。我们可以借一个迪斯科球给她玩吗？或许，我们可以在角色扮演区或者感官游戏室创建一个迪斯科舞厅，比如，布置一个黑暗的空间，在里面放上一些彩色的灯，并给儿童提供手电筒，鼓励他们将手电筒的光照在旋转的迪斯科球上。当儿童操作手电筒的时候,我们要提醒他们不能直射彼此的眼睛。

杰克可能希望在其他活动区也使用擀面杖。我们能确保美工区有擀面杖吗?可以在娃娃家的抽屉里放一根擀面杖吗?可以在市面上购买一些带花纹的擀面杖,这样擀面的时候就会在面团上留下纹路。杰克可能会发现这是一个有趣的游戏材料。还可以计划一个使用油漆滚筒画画的活动,这样杰克就可以继续探索物体是如何滚动的。

对利亚姆来说,有很多轮子和带轮子的玩具可供探索,就足以让他高兴得不得了了。我们可以提出一些问题来拓展他的思维,比如,"大轮子比小轮子转得慢吗?""你认为,为什么轮子在车上打转,但车却不动呢?""我们怎样帮助汽车移动呢?"通过游戏,儿童可以探索一些不太容易理解的概念,并深入思考游戏中的发现。我们可以和儿童一起研究问题,并向他们示范如何寻找答案。我们可以作为一个团队一起合作和工作。

伊桑可能想要探索,骑在旋转木马或其他可以旋转的游乐设施上是什么样的感觉。我们可以和他讨论,当他把泰迪熊放在雨伞的中央时,他注意到了什么。我们可以问他:"我想知道,泰迪熊为什么一直在移动?我们要不要把其他玩具也放在伞上,看看会发生什么?"或许,我们可以带他去公园的旋转木马上继续实验。"当旋转木马转动的时候,玩具还会留在上面吗?这也提醒我们,当我们在旋转木马上时,应该怎么做?——要抓牢!"

我们可以鼓励朱丽叶研究其他东西并看看它是怎么做成的,如硬纸管。"我们可以尝试用卷纸做小棍吗?""我们能弄明白怎样制作管子吗?""它们有什么不同?"朱丽叶也可能喜欢把更大尺寸的东西卷起和展开,如汽车垫或地毯。"所有东西都能卷起来吗?""什么东西卷不起来,什么东西可以卷起来?"

当我们发现儿童对旋转和圆周运动感兴趣时,我们可以提供一些资源来拓展他们的思维。

以下建议可供参考:

- 允许儿童滚动和用不同的方式让身体做圆周运动;

- 让儿童有机会使用可以滚动的物品进行"启发性游戏"（即以开放的方式使用真实的物品），如圆形杯垫、铅笔、管子、球、圆柱形瓶子、擀面杖等；
- 提供圆形、环状或球形的材料，如不同种类的轮子、球等；
- 给儿童提供机会玩带发条的玩具、陀螺或其他旋转类玩具；
- 带儿童到游乐场荡秋千、坐旋转木马等；
- 鼓励儿童探究万花筒；
- 提供不同大小和类型的球，如轻的、软的、硬的、小的、大的、叮当作响的或发光的球；
- 与儿童一起做转圈游戏，如绕着圆圈移动；
- 在铺了纸的托盘上滚动涂上颜料的弹珠，制作图案；
- 用涂了颜料的油漆滚筒或带花纹的擀面杖在长条纸上滚动；
- 把两个旧可乐瓶粘在一起，像一个沙漏，然后在每个瓶盖上钻一个洞让水通过，从而形成旋涡；
- 给儿童提供玩齿轮的机会；
- 提供各种带轮子的玩具；
- 唱诸如《公交车的轮子》(The Wheels on the Bus)之类的儿歌；
- 给儿童提供用擀面杖擀面团或者在烹饪活动中使用擀面杖和打蛋器的机会；
- 提供可以把瓶盖拧紧和拧开的瓶子；
- 提供蔬菜甩水器；
- 演示画螺旋图案；
- 在户外区域提供圆环和轮胎，便于儿童滚动；
- 提供带小棍的彩带，让儿童可以挥舞出圆形图案；
- 给儿童提供在沙水区玩水轮的机会；
- 与儿童一起制作和使用风车；
- 使用与旋转有关的词汇，如"环绕""围绕""滚动""盘旋""球形""晕眩""转弯""拧紧""拧开""旋转""上发条""松开发条""缠绕"等。

与其他图式的关联

旋转图式与中心和放射线图式的联系最为紧密,后者融合了旋转和轨迹运动。杰克、伊桑和朱丽叶都有可能对中心和放射线图式感兴趣,比如:杰克喜欢滚动擀面杖把面团压平;伊桑正在研究离心力,它促使物体在做圆周运动时,从一个中心点向外沿直线运动;朱丽叶热衷于把棒棒糖的小棍展开再卷起。旋转图式还与定向图式有关,因为探索定向图式的儿童有可能喜欢滚动或者转动自己的身体,就像第9章中的德克斯特和约翰尼那样。

第 12 章

轨 迹 图 式

本章目标

本章将分享一些儿童的轨迹图式行为,比如:把物品或食物从婴儿床和婴儿餐椅上扔下来,玩从水龙头流下来的水,建造并推倒塔,在家具上爬上爬下,扔球、拍球、踢球等。本章也将从活动和资源方面阐述如何拓展这类行为。

是什么——观察轨迹图式

轨迹,是指物体在一个空间的运动或者某个人的运动。当我们谈论飞机的轨迹时,我们是指飞机在天空中飞行的路线。当我们思考图式时,我们使用"轨迹"一词描述物体的运动或路径,比如:向下扔东西或投掷物体,水的流动,投掷或踢球时手臂或腿的运动,等等。

杰克(2岁10个月)正和哥哥在公园里踢足球。他对着球踢了一脚,然后追着球跑,反复玩了很长时间。哥哥让他试着把球传给他,但是杰克坚持踢球,他说:"我要踢球!"

❀ ❀ ❀

乔舒亚（14个月）从午睡中醒来，开始喊他的姐姐达西（3岁7个月）过来，他说："达，达，达，达。"达西冲进他的房间，发现乔舒亚正把所有的玩具都从小床上扔出去并大笑着。达西把这些玩具扔回他的床上，乔舒亚立刻又把它们扔了出去。他们一直玩了好几分钟，一起哈哈大笑。妈妈走进房间，达西对她说："乔舒亚在扔玩具，妈妈。"妈妈捡起玩具，把它们放回小床上，然后对乔舒亚说："这些玩具是你的，它们得待在你的小床上。"可是，乔舒亚又把它们扔了出去。妈妈把玩具捡起来，坚定地说："不许这样，乔舒亚。"然后，把他从摇篮里抱了出来。

这一天，老师们带儿童去公园玩。到了公园后，德翁（4岁2个月）花了很长时间在游乐区玩耍。他不停地从滑梯上滑下来，似乎对公园里的其他活动都不感兴趣。当老师问德翁他喜欢什么时，他说："滑梯，因为它能让我飞起来！"

夏天，当萨米（4岁8个月）的爸爸用洒水器给花园浇水时，萨米花了很长时间观察水的上下运动。然后，她开始玩水，并问爸爸她是否可以戴上护目镜，并让全身变湿。她花了很长时间不停地把手伸到水中，最后她整个身体穿过了"瀑布"。

❀ ❀ ❀

乔治娅（2岁8个月）非常喜欢荡秋千。在公园里，她很少玩其他设施，总是一次又一次地要求别人推着她荡秋千。

轨迹图式，是指儿童着迷于物体和人如何移动，以及自己如何影响这些移动。你会看到儿童：

- 把食物或物品从婴儿餐椅或者婴儿床上扔下来；
- 在物体（比如家具）上跳跃和爬上爬下；
- 前后摆动；
- 不停地让自己或物体在滑梯或斜坡上滑下来；
- 扔东西、玩具或球；
- 踢球或其他的东西；
- 玩流动的水；
- 从纸巾盒中抽出纸巾；
- 把球滚下斜坡；
- 不停地来回奔跑；
- 使用棍棒玩耍，比如，把小棍当"剑"在空中挥舞；
- 建造塔，再把它推倒。

为什么——解读轨迹图式

杰克表现出对踢足球而非足球游戏的浓厚兴趣，这让他的哥哥很沮丧！杰克通过言语告诉哥哥他坚持要踢球，没有兴趣将球传给哥哥。通过这一身体运动，他正在发展眼脚协调能力和大肌肉运动技能，也在发展动觉（对自己身体的感知）。随着时间的推移，通过反复摆动腿去踢球，杰克将知道哪些动作会让自己成功，哪些动作不会。之后，他将重复那些能让自己成功的动作。

如果能够继续跟姐姐玩轮流扔玩具的游戏，乔舒亚肯定会很高兴；然而，他们的妈妈似乎被激怒了，于是这个游戏结束了。这是另一个把图式行为当成不适宜行为的例子。乔舒亚并不是故意淘气的，当他扔玩具使其落到地上时，他正在探索因果关系。他在探究这种情况是否会持续发生。他也很享受姐姐对这项活动的全情投入。这些实验是我们童年早期理解重力、力等复杂概念的开端。这类游戏还促进了儿童轮流能力的发展，它是儿童进行社会交往和沟通所必不可少的一项重要能力。在这个例子中，乔舒亚和达西之间进行了大量的非言语沟通，他们有共同的经历，双方都很享受这样的互动。

当德翁从滑梯上滑下时，他正在探索自己的轨迹运动。这个滑梯是一个自由落体式滑梯，其设计目的是让使用者在很短的时间内体验失重的感觉。它会引发大脑做出"或战或逃"的应激反应，此时大脑负责思维的部分被绕开，情绪和行为都是非理性的。丹尼尔·戈尔曼（Daniel Goleman）将这种现象称为"杏仁核劫持"，即当我们经历某种威胁、恐惧或危险时，大脑边缘系统的组成部分——杏仁核就会短暂地控制我们的大脑。在这种状态下，肾上腺素分泌增多，这样我们就可以在需要的时候跑得最快，或者用我们最强的力量去应对。自由落体式滑梯，激发了许多人想通过吓自己来刺激自己的肾上腺素飙升的渴望。德翁从滑梯上滑下来的时候，正在体验这种感觉，也正在探索身体在空中移动的能力。他说，滑梯"让我飞起来"，这表达了他滑下滑梯时短暂的失重感以及空气从他身上快速掠过的感觉。德翁也在学着管理风险。玩冒险性游戏将有助于他与生俱来的评估风险能力的发展，从长远来看更能确保他的安全。

萨米特别感兴趣的是水的运动，它从洒水器上喷射出来，然后像瀑布一样落下。萨米将手伸到水中，可能是在研究当她把手伸过去时，水流会发生什么变化，或者在思考当水触碰手和胳膊时，会给她带来怎样湿润的感觉。萨米正在研究水是如何移动的，以及她如何与水互动。最后，她的整个身体穿过"瀑布"，同时探索了身体的运动与水的运动。她问能不能戴护目镜，这样不仅能防止水进入眼睛，还可以使她在穿过"瀑布"时能看见东西。也许，她想看看当她穿过"瀑布"时会发生什么。

荡秋千是一种重复性运动，它属于轨迹图式。通过这一运动，乔治娅在空中前后移动身体。她通过多种方式感受这种运动：从身上快速掠过的空气，从本体觉（即感觉身体在空间的位置），从视觉（即看着周围的世界从自己身边匆匆而过）。最终，她将探究自己是如何荡秋千的，以及荡秋千时躯干和腿的运动如何加速或减慢秋千的摆动。因此，荡秋千也将有助于她的身体发展。

下一步做什么——拓展轨迹图式

我们可以采用多种方式拓展轨迹图式。比如，杰克可能想研究踢各种不同的球，并玩其他需要眼脚协调的游戏，如跳房子游戏、踩石头游戏等。我们也可以利用他对足球的兴趣，向他介绍一种新的技能，比如，将球瞄准一个目标，朝着目标踢；运球，把球从一只脚传到另一只脚。

可以为乔舒亚提供把沙包或毛绒玩具扔到容器里的游戏，或者给他机会玩滚球撞柱的游戏。他也可能对其他涉及因果关系的活动感兴趣，比如，有一些机械或科技玩具，如弹出式电子玩具，当触碰它们上面的某一个按钮时，它们就会移动或做出反应。父母和教师有可能把乔舒亚的行为误认为淘气，然而，随着对图式的理解，成人可以接受这种行为，并提供额外的机会来拓展他的思维。

可以带德翁去一个主题公园，在那里他可以在不同的游乐项目中进一步探索失重的感觉。此外，还可以为德翁提供玩冒险性运动游戏的机会，比如：爬到游戏设施上并保持平衡，建造洞穴或小窝等。

萨米也许喜欢不同的玩水方式。她可能想探究从自来水龙头里流出来的水，或使用洗手液的瓶子和其他容器来倾倒和喷射水。也可以带萨米参观当地环境中的一些水景观，如喷泉、水上游乐园等。现在，许多公园为了满足儿童玩水游戏的需要，利用水泵和水渠让水可以一直流淌。幼儿教师需要始终牢记玩水游戏潜在的危险。确保儿童的安全是最重要的，因此我们要评估每一项活动的风险。

乔治娅可能希望拥有更多的机会来探索不同类型的秋千，如绳索秋千、轮胎秋千、篮子秋千等。她也可能对其他的摆动感兴趣，比如钟摆的摆动，或绑在绳子上的球的摆动。可以鼓励她探究如何在秋千上移动自己，或者看看她是否想推秋千上的一个玩具。后者是一个具有挑战性的活动，因为通常当儿童推动秋千使秋千离开自己时，他们会追着秋千向前走，而秋千当然会再朝着儿童荡回来！因此，要监督乔治娅小心地推动秋千的行为，确保在秋千返回时不会撞到她。

当识别出儿童游戏中的轨迹图式时，我们应该以多种方式支持和拓展他们的思维。

以下建议可供参考：

- 提供使用各种材料玩水的机会，如不同的容器和瓶子、水轮、喷雾器、水球、水泵、漏斗、水龙头、水管；
- 提供玩具喷水枪，便于儿童向墙壁上的目标喷射；
- 带儿童参观当地的冒险游乐场、公园或喷泉；
- 为儿童提供用不同的方式运动的机会，如跑、跳、攀爬、荡秋千、滑滑梯等；
- 鼓励儿童探究拉推溜溜球、滑轮等；
- 模仿不同动物的运动，如像青蛙一样跳、像毛毛虫一样爬、像鸭子一样摇摇摆摆、像猴子一样在树林间荡秋千；
- 鼓励冒险性游戏，如森林学校中的活动；
- 提供暗含轨迹运动的木工工具，以及儿童真正使用它们的机会，比如，邀请儿童把高尔夫球座钉到甜瓜或南瓜里；
- 尝试从不同的高度向下扔大小、重量或形状不同的物体；
- 使用一个大彩虹伞玩彩虹伞游戏，或玩玩具降落伞；
- 给儿童提供各种玩球的机会，如把球踢进球门，绕着某一个锥形物踢球，扔球，滚球，踢球以击倒小柱子；
- 把颜料泼洒或轻弹到一张大纸上，或用吸管吹颜料；
- 研究钟摆运动，或玩牛顿摆；
- 提供球、沙包、雪纺围巾等不同的物品，玩各种投掷游戏，如接球、投篮、投桶或向某个目标投掷；
- 和儿童一起做纸飞机，然后扔出去让它们飞起来；
- 提供弹弓，同时提醒儿童不要朝着人射；
- 提供水槽、管道和排水管，玩滚球游戏或让水沿着排水管流动；提供各种各样的材料玩汽车上下斜坡的游戏；
- 参观购物中心或其他装有玻璃电梯的建筑，便于儿童观察电梯的上下移动；

- 玩超级英雄游戏，儿童在游戏中相互追逐、挥舞手中的"剑"，或者假装"飞翔"；
- 制作旗子、风筝供儿童户外游戏时使用；
- 玩泡泡游戏，包括吹泡泡、追着泡泡跑并试图抓住它们；
- 使用"上方""下方""上面""下面""快慢""扔""踢""移动""飞""旋转""转动""滑翔""下降""弹跳"等词汇。

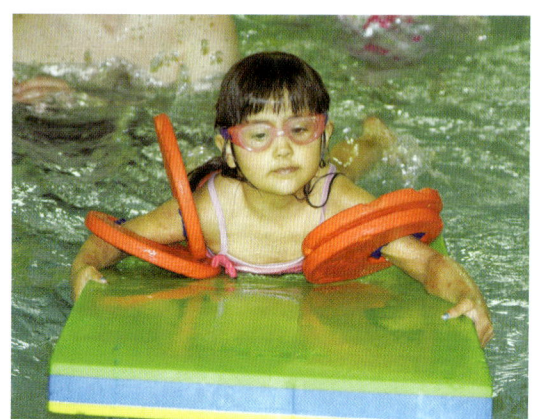

与其他图式的关联

当儿童对游戏中的直线和旋转运动感兴趣时，轨迹图式就与中心和放射线图式相关联。第 7 章中，凯茜在海洋球池里把球盖在自己身上，这一行为既可以被归类为轨迹图式，也可以被归类为包裹图式，因为她移动球来隐藏自己。

当儿童对从容器中取出东西感兴趣时，轨迹图式就与装填图式相关联。比如，有些儿童喜欢从纸巾盒中抽出所有的纸巾，这一行为既表明他们可能对装填图式感兴趣，也表明他们可能对把纸巾向外、向上拉的物理运动感兴趣，这可以被解释为轨迹图式。此外，当儿童参与躲猫猫游戏时，他们还会移动材料、窗帘或帐篷的门，这些更是与轨迹和装填运动有关。然而，这些行为属于哪种图式并不重要，重要的是思考如何利用这些信息进一步支持儿童。

第 13 章

变换图式

> **本章目标**
>
> 本章将分享一些儿童喜欢观察和探索变化的行为,比如:在玉米淀粉中添加颜料,混合颜料,制作或揉捏橡皮泥,在食物中加入果汁看看会发生什么,在沙子中加入水或用沙子制作模型等。本章也将从活动和资源方面阐述如何拓展这类行为。

是什么——观察变换图式

很多儿童喜欢把东西弄得乱七八糟,探究和试验材料或物质是如何混合在一起的。当儿童着迷于如何影响和改变事物时,他们可能正在研究事物是如何变换的。

一次自由游戏时间,凯蒂(4岁10个月)花了很长时间研究剃须膏。她在里面加了一些绿色食用色素和闪粉,然后用勺子搅拌。她说:"它们混合起来了。"

双胞胎哈里和安娜（5岁2个月）喜欢帮助老师制作蛋糕。他们特别喜欢把各种配料混合到一起。当被问及为什么喜欢烘焙时，哈里回答说："它太神奇了，所有单个的东西混合后变成另外一样东西！"安娜补充道："就像一个水煮蛋，它从软稀的蛋变成一个硬硬的蛋。"

❀ ❀ ❀

莉莉（3岁9个月）正在户外的泥巴厨房里玩。她先是捡了一些花瓣放在一盆水中，然后又在盆里放了一把土。她把手伸进去搅拌，她似乎对水变成棕色很感兴趣。于是，她又往盆里加了一些土，玩了很长时间。

❀ ❀ ❀

卡洛斯（3岁2个月）和家人正在海边度假，他在沙滩上离海水很近的地方用铲子挖沙，结果挖出了一个小水坑。他放下铲子，把手伸到小水坑里搅拌，使沙子和水混合到一起。他花了很长时间专注于这项活动。他告诉爸爸："我的小水坑的一边正在塌下来！"

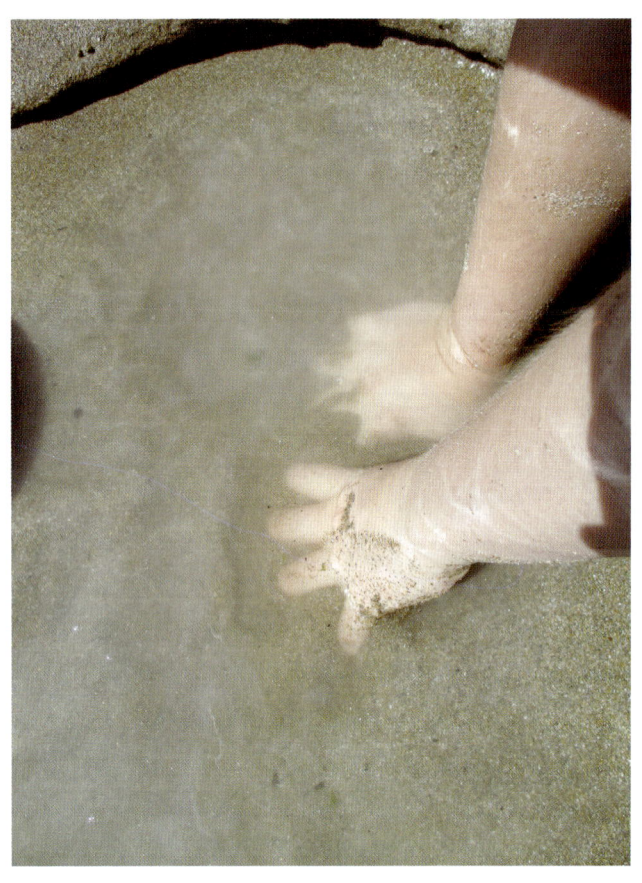

当儿童着迷于改变物体和把东西混合到一起时,我们就可以观察到变换图式。它涉及探究、实验和关注因果关系。

你会看到儿童:

- 混合颜料,以得到新的颜色;
- 制作泥巴馅饼;
- 在土豆泥中加入果汁;
- 在玉米糊中加入不同的成分,如食用色素、闪粉等;
- 把沙子和水混合到一起;
- 烹饪时喜欢把各种原材料混到一起;
- 非常着迷于一些食物在加热或烹饪时发生的变化;
- 对冰的融化和水的结冰表现出浓厚的兴趣。

为什么——解读变换图式

凯蒂正开心地把食用色素和剃须膏混合到一起，她还在混合物中加入闪粉，并用勺子搅拌。她的行动和语言证实了她对变换图式的兴趣，因为她谈到了混合。凯蒂正在探究当混合物里加入了其他东西后，它会发生怎样的变化。她在白色剃须膏中加入了绿色，得到了一种很淡的绿色。

哈里和安娜注意到了烹饪活动所具有的变换特性。他们着迷于各种原材料混合到一起后发生的变化，以及以某种方式加热时发生的变化。这也是日常生活中的科学现象。哈里和安娜运用已有经验将他们参与过的不同烹饪活动联系起来，包括烘焙蛋糕和煮鸡蛋。

莉莉正通过制作混合物来探究这些东西是如何变化的，这是另一个变换图式的例子。随着水变得越来越浑浊，她对水的颜色的变化特别感兴趣。莉莉正在做实验，以探寻不同的材料混合到一起如何发生变化，以及她可以如何影响这些变化。我们可以想象一下，厨师是如何通过不断的尝试研发出新菜式的，就能理解这类游戏如何随着时间的推移而发展。

卡洛斯正在探究海水是如何改变水坑的。当他告诉爸爸他的小水坑的边缘塌下去了，他貌似对水坑的一侧因为被海水浸透而落入水里特别感兴趣。他选择用手而不是用铲子探索水坑，从而带来多感官的体验。

下一步做什么——拓展变换图式

我们可以利用儿童的经验（或为之着迷的事物）的某一突出方面来拓展变换图式。比如，凯蒂可以探索更多的颜色混合活动，或者玩脏乱游戏，并在成人的鼓励下运用她的颜色变化知识创造一个颜色轮或"发明"新的颜色。

哈里和安娜对烹饪活动如何改变某些食材的特性特别感兴趣。他们可能想要更深入地探究这个问题，并思考为什么一些变化是可逆的，而另一些变化是不可逆的。我们可以使用与此相关的科学词汇与他们交流，如"固体""液体""溶解""溶液"等。这对双胞胎可能还想参与其他烹饪活动，并预测可能发生怎样的变化和食材会如何发生变化。

对于莉莉，可以通过为她提供更多混合东西的机会来拓展她的思维，如泥巴厨房游戏、绘画调色活动、烹饪活动等。卡洛斯也可能对以上这些活动充满兴趣。此外，还可以基于他最近的度假经历鼓励他进一步探索沙子和水，比如，建造城堡并探索哪一种沙子最结实。

我们可以采用多种方式支持和拓展变换图式，以下建议可供参考：

- 提供各种柔软的、可塑性强的材料；
- 允许儿童探究冰以及水是如何融化和结冰的；
- 把一些小恐龙玩具或超人玩具冷冻在冰块里，邀请儿童把冰块敲碎或研究如何把冰块融化；
- 在冰棍盒中冷冻颜料水，制作冰块颜料；
- 提供更多的烹饪机会；
- 提供各种不同的玩脏乱游戏的材料，如胶状物、黏稠物、碎肥皂、剃须膏等；
- 自制面团，并添加一些刺激感官的材料，如迷迭香、薄荷、香草精油、咖啡或巧克力粉、闪粉等（成人要监督这项活动，确保儿童不会忍不住吃它）；
- 和儿童一起种植，观察植物是如何随着时间而变化的；
- 收集树叶、蔬菜和植物等来堆肥，以此探索腐烂的过程；
- 为儿童提供用颜料、粉笔、面团混合色彩的机会，或者把两种食用色素分别放在盛有水的两个小盆里，然后用一张厨房纸将两个小盆连接起来——颜色会渗透到纸上并在相遇时混合到一起；
- 在户外创设一个泥巴厨房或感官探索厨房；
- 允许儿童混合沙子和水——如果有的儿童不想这样做，可以为他们提供独立的托盘；
- 在黏土中加入水；
- 运用与变换图式相关的词汇，如"变化""腐烂""不同""相同""时间""烹饪""烘烤""硬""软""改变""变化"等。

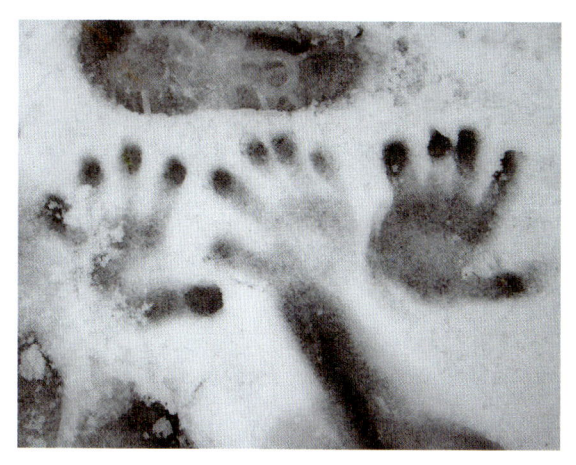

与其他图式的关联

变换图式貌似与其他图式之间没有密切的联系，但你还是有可能观察到它们之间的关联。你可以利用你对个别儿童的了解和已经确认的图式行为，设计能够"捕捉"他们的想象力的活动。比如，在第4章，我们清楚地知道了凯蒂对装填图式和围合图式很感兴趣，现在我们也已经确认了她对变换图式有兴趣，因此，可以邀请凯蒂使用各种各样的瓶子和容器混合颜料，看看会发生什么。她将有机会调和各种颜料并将混合物装进容器，这一活动想必能引起她的兴趣。

第 14 章

搬 运 图 式

本 章 目 标

本章将分享儿童的搬运图式行为，比如，将物体或者他们自己从一个区域移到另一个区域。本章也将从活动和资源方面阐述如何拓展这类行为。

是什么——观察搬运图式

成人在生活中经常会把东西从 A 地搬运到 B 地，比如：把衣服从洗衣机里拿出来晒到晾衣绳上，把商品从商店买回家，把文件从办公桌上放到公文包里，等等。很多人都有手提包或背包，可以随身携带东西。当外出远足或旅行度假时，我们总是把可能需要的衣服或物品放在帆布包或手提箱里。所以，许多儿童模仿这种行为，并对移动周围的物品和把物品、自己或其他人从一处移到另一处表现出浓厚的兴趣甚至着迷，也就不足为奇了。

凯茜（1 岁 11 个月）经常推着她的玩具娃娃婴儿车到处走，并把它装满各种各样的玩具。当凯茜的朋友罗丝来做客的时候，凯茜决定用婴儿车推着罗丝到处走走。凯茜的妈妈对此毫不意外。

凯蒂（3岁10个月）推着玩具娃娃婴儿车在幼儿园里转悠。她在婴儿车上挂了好几个包，里面装满零七碎八的东西。她推着婴儿车来到小小世界游戏区，把人物玩偶和玩具汽车堆在婴儿车的座位上。

❀ ❀ ❀

卡洛斯（3岁4个月）特别喜欢带轮子的玩具。在户外游戏区，他反复玩翻斗车，在里面填满石子、泥土和其他材料，然后把它推到游戏区的另一边，清空它，再推回来。卡洛斯一边收集更多的石子、泥土等材料，一边喊着："再来一次！"后来，他用翻斗车把所有的石子和泥土都以同样的方式运到了另一侧。

❀ ❀ ❀

玛丽（2岁10个月）痴迷于独轮手推车。一天，下雪了，玛丽把她的玩具娃娃放在手推车里，把它当婴儿车用，推着她的娃娃在花园里散步。还有一次，玛丽用独轮车装满了其他玩具，把它们从游戏室运到院子里，然后再运回来。

你会看到儿童：

- 用玩具婴儿车或真的婴儿车推着玩具或其他同伴到处走；
- 用独轮手推车把沙子或泥土从户外场地的一边运到另一边；
- 专心致志地将玩具和游戏材料运到不同的游戏区；
- 推着骑自行车或坐在玩具汽车里的同伴到处走；
- 随身带一些精心挑选的袋子和帆布包；
- 手里同时拿着很多东西；
- 痴迷于搬运，总是用带轮子的玩具搬东西；
- 经常带着一个特殊的玩具，或者将携带的物品送给特殊的人。

为什么——解读搬运图式

凯茜表现出了搬运图式行为——她喜欢把东西从一个地方搬到另一个地方。她在探索运动如何搬运各种各样的东西。通过推坐在婴儿车里的罗丝转来转去,她进一步扩展了她能够运输什么的概念——"婴儿车坐得下罗丝吗?""我能推动她吗?""我能独自把罗丝从这里推到那里吗?"

在第4章,我们注意到凯蒂对装填图式非常感兴趣,很明显她也有一个搬运图式的行为。只要把包装满,她就喜欢把它们挂在婴儿车上,然后推着它们在幼儿园里转悠。她还把婴儿车的座位当作储物空间,而不仅仅是玩具娃娃的座位。当凯蒂把玩具装在婴儿车里的时候,她正在思考婴儿车的容积和容量。此外,她也在探索距离和旅程,以及如何移动物品,比如,婴儿车能穿过家具之间的空隙吗?我需要往哪个方向移动才能到达目的地?

卡洛斯也在思考距离的问题,因为他要把石子和泥土从户外游戏区的一边运到另一边。当他估算还需要再来一次时,他正在思考容积问题,同时也在进行计算和预测。他正在解决真实情境中的问题,并享受着实现目标的成就感,即把石子和泥土从一个地方运到另一个地方。教师提供了一辆大卡车玩具来支持他,并允许他运送材料。

玛丽对独轮手推车表现出浓厚的兴趣。她希望在不同的情况下使用它,并把不同的玩具放进去。玛丽不仅研究什么适合被放在独轮车里,而且发挥了想象力,把手推车当成玩具娃娃的婴儿车。她创造性地使用手推车,这体现了她的创造力和灵活的思维能力。

下一步做什么——拓展搬运图式

我们可以利用凯茜对搬运图式的着迷,为她提供不同的运输方式。比如,用包或者袋子把玩具从一个地方搬运到另一个地方,或者骑一辆有后座的自行车载一个小伙伴。另外,凯茜也可以把婴儿车装满玩具,推着它们在家的外面转转。

基于凯蒂对装填和搬运的兴趣，可以给她提供一个带轮子的行李箱，然后鼓励她在箱子里装满东西，带着箱子去旅行。她可能既喜欢打包行李，又喜欢去一个目的地旅行。还可以拓展她对旅行的思考，比如，为她制作一张地图或路线图，或者带她去旅行社，甚至去度假。

基于卡洛斯对运输和搬运东西的兴趣，可以为他提供机会来研究卡车和各种车辆的容积和容量。可以设置一个比赛，一起计算每辆运输工具把沙子从 A 点搬到 B 点需要来回多少趟，然后试着算出哪辆运输工具装的沙子最多。卡洛斯可能也喜欢参观交通工具博物馆，或者观看现实生活中正在作业的翻斗车。

如果玛丽能有机会操作开放性材料，她就能进一步发挥创造力和想象力。比如，她可以把一个带轮子和木板的建构材料，变成任何她想要或喜欢的东西。基于她对洋娃娃的兴趣，我们还可以邀请她为洋娃娃制作一些东西，如马车、婴儿提篮等。

当你观察到儿童表现出搬运图式时，你应该进一步拓展他们的思维。以下建议可供参考：

- 提供水桶、滑轮和细绳供儿童探索（确保该活动在成人监督的情况下进行）；
- 把翻斗车放在挖掘区，或者放在装有泥土、沙子或石子的托盘上；
- 允许儿童使用婴儿车、手推车、婴儿提篮、小马车等运送物品；
- 提供足够大的手推车或带轮子的玩具供儿童骑行；
- 为儿童提供可以载朋友或者放一篮玩具的自行车；
- 提供各种篮子、钱包和背包给儿童装满东西，并随身携带它们到处走；
- 允许儿童把东西从一个地方搬到另一个地方；
- 提供带轮子的包或手提箱；
- 在户外游戏区提供独轮手推车，在沙池区提供带把手的桶；
- 让儿童有机会帮忙把食物放到桌子上，或在超市推购物车；
- 提供有拉绳的玩具；

- 创设一个用于搬运材料的建筑工地；
- 玩"木棍过河"[1]游戏：用大叶子做"船"，让它们沿着河流或小溪漂流（教师要全程监督这个活动）；
- 鼓励儿童把衣服从自己的卧室拿到洗衣机里；
- 在角色扮演区玩搬家游戏：儿童需要打包箱子，并把箱子放到玩具卡车或者马车上；
- 在花园周围玩"寻宝"游戏，并把找到的"宝贝"放进手提袋；
- 鼓励儿童用管子运输水；
- 给儿童读与运输或搬运物品有关的故事或者儿歌；
- 用一个大箱子制作公交车，或者把一排椅子当作一列火车，想象着乘坐它们去旅行；
- 使用词汇来支持这种图式，如"里面""上面""满的""空的""运送""推""拉""在下面""在上面""右边""左边""远处""附近"。

---

[1] 将小木棍从桥上水平投入河流的上游，然后到桥的另一边看它是否成功地随水流穿过小桥，最先穿过小桥的木棍为赢家。——译者注

与其他图式的关联

在凯蒂的身上,可以发现搬运图式和装填图式之间的明显关联,她喜欢把袋子和容器装满并搬运。如果儿童对把物品从一个地方运送到另一个地方所涉及的运动感兴趣,那么搬运图式也与轨迹图式相关联,因为轨迹图式指的就是一个物体或人在空间中的运动。同样,如果儿童对轮子以及在把物品从 A 地运到 B 地时轮子是如何移动的很着迷,那么搬运图式也和旋转图式有关。比如,卡洛斯可能对旋转和搬运两个图式都很感兴趣,这就需要我们密切地关注他,看看是否是这么回事。

第 15 章

儿童行为的再诠释

本章目标

本章将探讨儿童的图式行为被误解为不适宜行为的情况。同时,也将分享不同情境中的研究案例,并为家长和教师提供实用的建议,以将儿童的兴趣引向更适宜的活动。

是什么——观察图式行为

我们可以通过很多方式向别人表达自己的需求和愿望,其中一个主要方式就是行为。行为是指我们在不同情境下的行事方式或反应方式。简而言之,行为就是我们的行动。儿童的行为有时候会被成人解读为淘气、不端或故意捣乱。当一个成人不能理解图式行为时,他就可能"错过那些暗示着儿童的兴趣和参与程度的重要信号",或者试图阻止儿童追随他们的兴趣模式。

英国国家日托协会(National Day Nurseries Association,NDNA)开发了一款有关图式的应用程序,这是一款帮助家长和实践者识别和理解图式的工具。在这款应用程序的简介中,英国国家日托协会指出,"图式通常被误认为是消极行为,而实际上儿童是在通过这一行为教授自己关于世界及世界是如何运作的知识。"鉴于这种常见的错误认识,克里斯·阿西建议人们重新解释儿童的图式,并将其视为有意识、有目的的行为。本章将探讨我们应该如何去实践。

从学会走路的那一刻起,埃尔莎(16个月)就经常蹒跚地走到楼下的卫生间,从架子上扯下卫生卷纸。她喜欢看卫生卷纸在地板上铺开。如果卫生卷纸不转了,她就会再拉一下。当妈妈冲进来制止她时,埃尔莎"咯咯"地笑,看起来对自己的成就非常自豪!

❀ ❀ ❀

查利(18个月)坐在高脚椅上,故意把他的宝宝杯从高脚椅的托盘上扔到地上,他一边扔一边哈哈大笑。他的妈妈捡起杯子放回托盘上,可是查利马上又把杯子扔到地上。这样持续了五六次,直到妈妈把杯子从托盘上拿走才停止。

❀ ❀ ❀

杰克（19个月）正和另外两个小男孩一起用砖头和建构材料搭建一座塔。他们刚建好，杰克就故意把它推倒了。这样的情况一再发生，另外两个小男孩很恼火。杰克回答说："倒下来，倒下来。"后来，杰克发现了其他儿童用废旧材料制作的模型，于是走过去把它们拆掉。其他儿童对此很生气，老师也因为杰克的破坏性行为而担心。

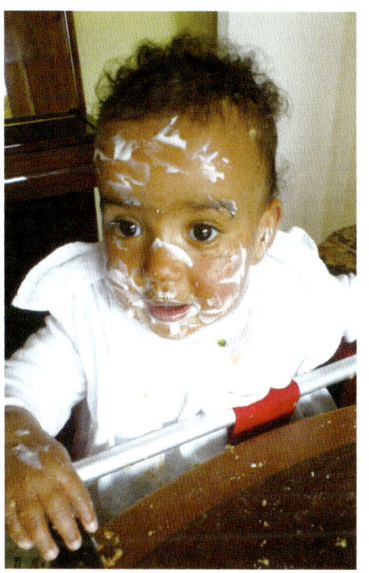

❀ ❀ ❀

凯茜（9个月）正在学习用勺子吃东西，但她更喜欢用手把酸奶涂得满脸都是。每次给她喝酸奶时，她都会这么做！

❀ ❀ ❀

在幼儿园，凯蒂（3岁10个月）喜欢反复地从纸巾盒里抽出所有的纸巾，教师看到后会要求她停下来。现在，教师已经把纸巾盒放到了凯蒂够不到的地方。

❀ ❀ ❀

自由游戏时间，艾萨克（4岁8个月）和扎卡（5岁1个月）正在用绿色纸巾堵住教室的水槽。他们把纸巾揉成一团，用它塞住排水孔，然后打开水龙头。布朗老师问他们在干什么，艾萨克说："我们正在建造一个水库。"

以下行为通常被视为挑战性行为或不听话的行为，但实际上它们是图式。你可能观察到儿童：

- 从纸巾盒中抽出所有的纸巾（轨迹图式，装填图式）；
- 把卫生纸卷展开（中心和放射线图式，旋转图式）；
- 清空盒子或把所有的玩具倒在地上（装填图式）；

- 推倒塔（轨迹图式，连接图式）；
- 把东西拆掉（连接图式）；
- 从婴儿椅上把杯子或玩具扔到地上（轨迹图式）；
- 用纸堵住水槽（装填图式，穿过边界图式）；
- 玩流动的水（轨迹图式）；
- 把沙子和水混合到一起（变换图式）；
- 把饮料倒在食物上（变换图式）；
- 把食物涂抹在脸上、手上和身体上（包裹图式）；
- 在口袋或袋子里装满棍子和石头（装填图式）；
- 将玩具和其他材料装在袋子或其他容器中，并把它们搬运到别处（装填图式，搬运图式）；
- 进出门口（穿过边界图式）；
- 不希望盘子里的食物混在一起（定位图式）；
- 只想要特定颜色的盘子或杯子（定位图式）；
- 玩窗帘（包裹图式）；
- 把你的手提包里的东西倒在地板上（装填图式）。

为什么——再次诠释儿童的图式行为

当父母和早期教育工作者第一次听到图式这一概念时，他们通常会恍然大悟，突然意识到之前认为特别难以应对的一些儿童行为实际上就是图式。理解图式可以让我们深入地洞察为什么儿童要做这些事情，必要时，还可以帮助我们将儿童的行为引向更有意义或更适宜的活动。

对成人来说，儿童的这些行为具有挑战性，令人沮丧和厌烦。应对这些行为，会让成人的生活变得艰难。然而，关键就在这句"让成人的生活变得艰难"。儿童就是这样行事的。首先，我们需要接受这一事实。其次，我们需要找到一种方法来"拥抱"这些行为。有时，为了保证儿童的安全，我们可能需要引导他们去进行其他活动。然而，如果儿童的行为只是给我们造成不便，我们只需要为此做好计划。这样，我们就可以有准备地支持和拓展儿童的图式行为，而不是试图阻止他们。

以第 1 章提到的查利为例。妈妈越是阻止他扔杯子，他就越喜欢这个游戏。为他提供与轨迹运动无关的其他游戏，可能无法满足他的投掷欲望，其结果是查利很生气，妈妈很沮丧。随着对图式的理解，我们可以观察他的游戏，并将其行为理解为他正在了解世界和事物是如何运作的，正在研究因果关系、重力及客体永久性概念。妈妈陪查利玩了一小会儿——也许当她深入理解了查利为什么会有这样的行为后，她就会愿意陪他玩更长时间。同样的道理也适用于第 12 章提及的乔舒亚，他把玩具扔出小床。如果他的妈妈能理解这是一个有价值的游戏，那么他和姐姐就能玩得更久。这一游戏对乔舒亚和他的姐姐来说是一种非常好的社交体验，因为他们正在通过游戏进行沟通与交流。

埃尔莎喜欢看着卫生卷纸展开并堆在地板上。她可能对卫生卷纸在支架上如何转动感兴趣，这表明了她对旋转图式的兴趣；她也可能对拉卫生卷纸时的轨迹运动感兴趣，这表明了她对中心和放射线图式或轨迹图式的兴趣。她不仅在了解因果关系和拉纸时所需要的力，还在了解妈妈的反应。显然，她很喜欢从妈妈那里得到关注，并发现整件事情非常有趣！

杰克的老师担心杰克不断地推倒塔的行为所带来的破坏性，然而，根据我的经验，这是儿童在研究拆分和连接图式时必经的一个阶段。我们已经确定杰克热衷于连接图式，因为我们观察到杰克不断把围栏连接和拆开（见第 3 章）。因此，杰克也想推倒塔就不足为奇了。杰克也对轨迹运动感兴趣（见第 12 章），而推倒塔的过程将拆开与移动、连接与轨迹图式联系在一起。杰克在不同的情境下探索这些图式，想弄清楚当他用力推塔时会发生什么——"积木块倒下时会掉落在地上吗？""我需要用力推还是轻轻地推？""会发出声音吗？"他开始思考力、重力和与自己行为的关联性。

凯蒂把所有的纸巾从盒子里抽出来，这一行为让老师非常烦恼。这既浪费金钱又浪费资源，同时意味着在需要给儿童擦鼻涕时没有纸巾可用。然而，我们已经明确了她对装填图式的浓厚兴趣，她喜欢装满和清空容器（见

第 4 章）。在她看来，为什么不能清空这个纸巾盒呢？她正在探究抽出和清空的动作。当纸巾被抽完时会发生什么？通常一盒新的纸巾会"神奇地"出现，凯蒂就可以重新开始这个过程了！

凯茜喜欢把酸奶涂得满脸都是，而这种行为可能被认为是不适宜的。我曾听到一些父母和教师责骂年幼的孩子，因为他们用食物涂满了自己的脸、手和身体。然而，像凯茜一样，这些儿童并不是故意不听话，而是正在探索材料的质地和用一种物质覆盖自己的感觉。这一行为与包裹图式有关，在第 7 章我们已经观察到凯茜喜欢探索在海洋球池里被球覆盖的感觉。

艾萨克和扎卡正在进行一项科学研究，以了解当他们用纸堵住水槽后，水槽里的水是如何蓄起来的。他们正在探究水压和水流。玩水游戏通常是轨迹图式，因为儿童往往对水的运动或流动感兴趣。然而，它也可能是装填游戏，正如艾萨克在谈到水库时所说的那样。我们在第 4 章已经认识了艾萨克，并确定他对装填有强烈的兴趣，所以我们的这一分析与之前对他的了解相一致。

下一步做什么——拓展图式行为

我们可以运用自己对图式行为的认识和理解，以适宜的方式介入儿童的探索游戏，进一步支持和拓展儿童的学习。然而，有时我们需要后退一步，不要太快介入（见第 2 章）。知道是否介入或何时介入，这是一项很难掌握的技能。朱莉·费希尔（Julie Fisher）用了"互动还是干扰"这个短语完美地总结了这一点！

查利的妈妈可以鼓励他参与其他探究因果关系的活动，比如，摆弄机械或科技玩具，按下按钮时这些玩具就会移动或做出反应。另外，她还可以利用查利对轨迹运动的兴趣给他提供扔玩具的机会，比如，给他提供一个扔不坏的玩具（在每次查利想玩这个游戏的时候，就用这个玩具代替杯子）。

我们可以利用埃尔莎对卷起和展开的潜在兴趣，给她提供擀面杖和面团玩。我们也可以允许她在厕所以外的地方玩一卷厕纸，这卷厕纸将成为埃尔莎的专属厕纸,她可以在闲暇时把它展开。也许,她妈妈可以鼓励她再把厕纸卷起来,这样她就有机会再把它展开。每当埃尔莎在浴室或厕所里想要把厕纸展开时,妈妈就可以将她引向她的专用厕纸那里。随着时间的推移,埃尔莎将知道,她只能将她的专属厕纸展开,而不是其他的厕纸。

杰克将会很喜欢用各种不同的材料进行建构活动。我们可以和杰克一起工作,以帮助他理解推倒塔的行为给其他儿童带来的影响。许多年幼的儿童很难体会别人的感受,他们需要成人的帮助来发展同理心。

我们可以根据凯蒂对装填图式的兴趣,为她提供大小不同的容器,让她随心所欲地装东西。为了不让凯蒂把纸巾从纸巾盒里抽出来,可以送给她一个专属于她的纸巾盒来装饰。我们可以对她解释,她不能从普通的纸巾盒里抽出纸巾,因为其他小朋友和成人需要用这些纸巾,但她可以从她自己的专属纸巾盒里抽出纸巾。然后,我们可以鼓励凯蒂把纸巾放回盒子里,并告诉她,下次当她想把所有的纸巾从盒子里抽出来时,她可以使用她的专属纸巾盒。

对于凯茜喜欢把酸奶涂满脸的行为,我可以理解有些成人阻止这种行为的做法。然而,我们仍然鼓励她进行这类游戏。可以在她洗澡时允许她玩肥皂泡,用肥皂泡盖住脸和身体。也可以向她介绍其他类型的脏乱游戏,并接受她很可能会把脸或身体涂抹得脏兮兮的事实。不过,我们可以为此做个计划,准备充足的湿巾和换洗的衣服,或者提供防水服或长袖围裙,让她在玩脏乱游戏时穿上。如果不确定凯茜是因为饿了吃酸奶还是在玩酸奶,那么可以再给她一勺酸奶,并问她:"你吃完了吗?你现在想玩酸奶吗?"对于像凯茜这么小的孩子,在跟她交流时需要加上手势。

如果担心艾萨克和扎卡有可能导致纸团堵塞水槽,那么可以建议他们使用底部有孔的水盘来继续这个探究。他们可以尝试使用不同的材料,并探究它们是否能够作为堵塞物。"海绵可以吗?""一块大石头可以吗?""什么样的材料能最有效地阻止水流下去,为什么?"

当然,当儿童从事不安全的活动或当他们的行为扰乱或伤害他人时,我们就需要阻止这种行为,无论这种行为是否是图式。很多早期教育工作者已经掌握了一系列策略来应对这种行为,比如,ABC分析法,即运用侦探技能详细地分析某一事件可能的原因和行为的诱因(见第2章)。第8章中的莫莉对进出大门和通道有着浓厚的兴趣,我们可以利用这个图式游戏帮助她学习保护自己的安全策略。同时,为她提供能够满足她进出欲望的专门通道。利用儿童对图式的兴趣,我们可以将儿童的精力引向更合适、更安全的活动。凯茜·纳特布朗建议,"许多专业工作者应该利用他们有关图式的知识,将儿童从破坏性活动中转移出来,使其专注于更有价值的努力。"

理解图式,并不能应对儿童表现出的所有挑战性行为。然而,教师和家长需要辨别和挖掘这些行为表象背后,儿童真正的目的是什么。这样一来,他们就有可能识别出图式,并能从积极的角度重新理解儿童的行为;同时,以儿童的兴趣为基础,将他们的行为导向更有意义的追求。

当教师和家长意识到这些行为是正常的、可接受的,甚至是儿童发展过程中值得期待的一部分时,他们就会放心。通过将这些重复的行为解读为图式,儿童的兴趣就会被理解、原谅,并有希望以其他方式得到满足。我们也将把儿童看作知识的建构者和有能力的学习者。

尊重儿童

当我们尝试从儿童的视角理解图式时，我们就会尊重儿童的观点。这反映了马赛克方法，即把儿童看作"自己生活中的专家""熟练的交流者""积极的参与者"和"意义的创造者、研究者和探索者"。它把儿童的观点放在中心位置，并试图倾听和回应儿童的观点。

如果将这种方法与杰克的行为联系起来，我们就会把杰克看作一个有能力的学习者。他正在使用一系列的沟通策略（即言行），让人们理解他的拆分想法。他积极地探索"倒塌"概念，在研究中寻找其意义。通过认同儿童正在努力实现的目标，我们尊重了他们的想法和行动。

在艾萨克和扎卡的案例中，如果老师认为他们的游戏没有建构性，因而不允许他们在水槽中玩耍，那么他们的学习和研究就可能停止。然而，这种探索对这些儿童来说具有非常深远的意义，可以引发其他的研究活动和大量的学习。

用这种方式思考儿童以及他们的行为，并不是一个新现象。早在1936年，玛丽亚·蒙台梭利（Maria Montessori）就指出，人们很容易把儿童的令人费解的反应和困难阶段归因于淘气。她反对这一立场，且将儿童的行为视为"一个必须解决的问题，一个必须破解的谜"。这对成人来说更具挑战性，因为我们更像是儿童的学生，而不是法官。我们必须打开心扉学习和观察，并渴望理解和解读儿童令人困惑和具有挑战性的行为。我们如果真的想为儿童提供有意义的学习经验，就需要理解图式，以便做出适当的回应。

第 16 章

总　　结

本章目标

本章将总结本书的要点，重申儿童可以同时表现出不止一种图式，以及一些图式行为可能会被误解为淘气。本章也将提出一些问题供读者反思。

图式是一种简单的重复行为和思维模式，它能帮助儿童通过探索和探究去理解世界。有些儿童追寻一种图式，如诺厄、约翰和凯特琳；有些儿童同时表现出多种图式，如凯蒂、杰克、朱丽叶和卡洛斯；还有一些儿童可能根本不表现出任何图式行为。总之，在幼儿阶段，儿童表现出图式行为是很常见的，它们不应该引起家长的担心或者焦虑。图式是许多儿童成长过程中有趣的一部分。

在过去的几年里，图式的普及和影响越来越大。教师和家长可以参加针对图式的培训课程和会议，他们甚至可以下载一些应用程序来识别儿童的图式行为。这些工具和培训机会有助于成人识别图式，并在儿童追求自己的兴趣时提供支持。

当家长和教师理解图式时，它有助于他们：

- 理解为什么儿童会做某些事情,以及为什么他们会以某些特定的方式行事;
- 明确观察儿童的重点;
- 更好地了解儿童的兴趣和所热衷的事情;
- 运用新的语言来描述儿童的动作和行为;
- 提供适宜的机会来支持和拓展儿童的学习;
- 提供更多开放的学习机会;
- 提供支持儿童探索和探究的环境;
- 看到重复玩耍的价值——增强儿童大脑中的神经通路;
- 与其他家长和专业人士分享对图式的理解;
- 把儿童看作有能力的学习者和知识的共同建构者。

　　我认为有必要对图式知识进行宣传,以提供一种诠释儿童行为的新视角。图式理论要便于教师和家长理解,我希望本书已经开启了这个过程。思考图式和图式行为的真正价值,实际上在于实践而不是理论。凯茜·纳特布朗支持这一观点,她指出:"图式的知识能让教育者更好地以适合儿童个体思维和行为结构的方式进行教学。"关键在于,成人如何运用他们的知识在实践中协调自己与儿童的互动。

了解并接纳儿童的兴趣，是早期教育工作者日常实践的一部分。现在，你已经阅读了本书，那么你将能够识别图式并支持他们。当成人为了弄清楚并理解儿童的思维方式而近距离地观察他们时，他们就是科学家。正如高普尼克（Gopnik）、梅尔佐夫（Meltzoff）和库尔（Kuhl）所说：

> 当科学家盯着婴儿床看，以寻求关于心智、世界和语言如何运作等最艰深问题的答案时，他们看到摇篮里的"科学家"也在盯着他们看。事实上，他们都在做着同样的事情，难怪他们会心一笑。

教师和家长研究儿童，儿童也在运用图式研究世界。他们都在积极地参与这一过程。

反思的问题

- 你识别出图式行为了吗？
- 你认为儿童在探究什么？
- 你能描述一下正在发生的学习吗？
- 你如何支持和拓展儿童的兴趣？
- 学习环境是如何支持这些图式的？
- 哪些活动和资源能满足儿童的兴趣、图式和个人需求？
- 你有信心运用你的儿童发展知识评估图式行为吗？
- 是否有一些挑战性行为有可能是图式行为？
- 你如何进一步支持儿童并引导这种行为？

当家长和教师了解了图式时，他们通常会恍然大悟，因为他们开始理解儿童的一些动作和行为，这些动作和行为以前看起来很奇怪，甚至令人担忧。下一步是成为一名宣传者，把这个新诠释告诉世界！了解图式的人越多，信息就会传播得越广，进而有更多的儿童被更好地理解。这正是我写作本书的目的。所以，传播图式的知识吧！

参考文献*

前言

Piaget, J. and Cook, M. T. (1952) *The Origins of Intelligence in Children*. New York: International University Press.

Meade, A. and Cubey, P. (2008) *Thinking Children: Learning about Schemas*. Maidenhead: Open University.

Athey, C. (2007) *Extending Thought in Young Children: A Parent–Teacher Partnership* (2nd ed.). London: Sage.

Gopnik, A. (2010) 'How babies think.' *Scientific American* 303, 1, 76–81.

Brierley, B. (1987) *Give Me a Child until He is Seven*. Barcombe: Falmer.

Vygotsky, L. (1978) *Mind in society: The development of higher psychological processes*. Cambridge, MA: Harvard University Press.

Nutbrown, C. (2011) *Threads of Thinking* (4th ed.). London: Sage.

Silva, K. (2010) 'Quality in Early Childhood Settings.' In K. Silva, E. Melhuish, P. Sammons, I. Siraj-Blatchford, and B. Taggart (eds) *Early Childhood Matters: Evidence from the Effective Pre-school and Primary Education Project*. Abingdon: Routledge.

Blank, M., Rose, S. and Berlin, L. (1978) *The Language of Learning: The Preschool Years*. New York: Grune & Stratton.

---

* 为了环保,也为了节省您的购书开支,本书参考文献不在此一一列出。如果您需要完整的参考文献,请通过电子邮箱 1012305542@qq.com 联系下载,或者登录 www.wqedu.com 下载。您在下载中若遇到问题,可拨打 010-65181109 咨询。